职业教育改革创新示范教材 II

汽车车身维修技术

QICHE CHESHEN WEIXIU JISHU

主　编　彭万平　胡　罡
副主编　易昌盛　杨　猛

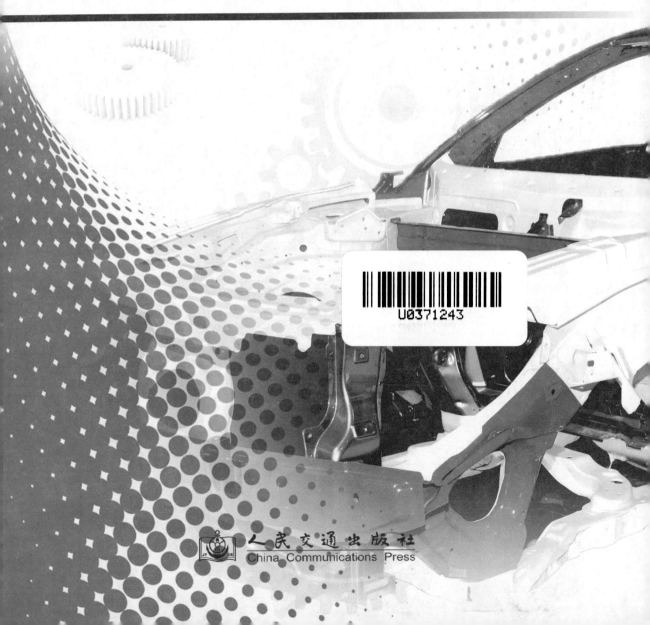

人民交通出版社
China Communications Press

内 容 提 要

本书是职业教育改革创新示范教材之一,其主要内容包括:前保险杠的更换、前照灯的更换、风窗玻璃清洗液罐的更换、后视镜的更换、车门锁的更换、全车锁芯的更换、车门玻璃升降器的更换、前风窗玻璃的更换、发动机罩及行李舱盖的更换、车门面板的更换、车身板件局部变形损伤的修复、承载式车身结构件的更换。

本书可作为职业院校汽车车身修复专业、汽车运用与维修专业的教材,也可供汽车维修及相关技术人员参考阅读。

图书在版编目(CIP)数据

汽车车身维修技术 / 彭万平,胡罡主编. — 北京：
人民交通出版社,2012.6
ISBN 978-7-114-09736-2

Ⅰ. ①汽… Ⅱ. ①彭… ②胡… Ⅲ. ①汽车 – 车体 –
车辆修理 – 中等专业学校 – 教材 Ⅳ. ①U472.4

中国版本图书馆 CIP 数据核字(2012)第 061816 号

职业教育改革创新示范教材Ⅱ

书　　名：	汽车车身维修技术
著 作 者：	彭万平　胡　罡
责任编辑：	钟　伟
出版发行：	人民交通出版社股份有限公司
地　　址：	(100011)北京市朝阳区安定门外外馆斜街 3 号
网　　址：	http://www.ccpress.com.cn
销售电话：	(010) 59757973、85285659
总 经 销：	人民交通出版社股份有限公司发行部
经　　销：	各地新华书店
印　　刷：	北京市密东印刷有限公司
开　　本：	787×1092　1/16
印　　张：	14.25
字　　数：	317 千
版　　次：	2012 年 6 月　第 1 版
印　　次：	2016 年 11 月　第 3 次印刷
书　　号：	ISBN 978-7-114-09736-2
定　　价：	30.00 元

(有印刷、装订质量问题的图书由本社负责调换)

职业教育改革创新示范教材编委会

（排名不分先后）

主　　　任：简玉麟(武汉市交通学校)

副 主 任：曹建波(武汉市交通学校)

　　　　　袁立新(湖北黄冈交通学校)

　　　　　徐太长[湖北交通职业技术学院(中职部)]

　　　　　高德胜(武汉市东西湖职业技术学校)

　　　　　杨　进(武汉市汽车应用工程学校)

　　　　　刘　涛(武汉市第三职业教育中心)

　　　　　龙善寰(武汉机电工程学校)

　　　　　李　强[湖北十堰职业技术(集团)学校]

　　　　　余明星(武汉市交通学校)

　　　　　程　骏(武汉中交盛世图书有限公司)

委　　　员：张宏立、刘惠明、宋波舰、任晓农、蔡明清、何爱明、冯汉喜、何本琼、易建红、彭万平(武汉市交通学校)

　　　　　朱帆、吴晓冬(湖北黄冈交通学校)

　　　　　黄远军、刘小锋、黄刚[湖北交通职业技术学院(中职部)]

　　　　　邹雄杰、黄丽丽、宗传海、李晶(武汉市东西湖职业技术学校)

　　　　　周琴、林琪、牛伟华、白建桥、童大成(武汉市汽车应用工程学校)

　　　　　董劲松、叶婷婷、晏雄波(武汉市第三职业教育中心)

　　　　　彭无尘、胡罡、宋天齐、孙德勋(武汉机电工程学校)

　　　　　唐棠、余立明、周松兵[湖北十堰职业技术(集团)学校]

前言 FOREWORD

《国家中长期教育改革和发展规划纲要(2010—2020年)》中提出：大力发展职业教育，把职业教育纳入经济社会发展和产业发展规划，把提高质量作为重点；以服务为宗旨，以就业为导向，推进教育教学改革。实行工学结合、校企合作、顶岗实习的人才培养模式；满足人民群众接受职业教育的需求，满足经济社会对高素质劳动者和技能型人才的需要。

职业教育的发展已作为国家当前教育发展的战略重点之一，但目前学校所使用的教材普遍存在以下几个方面的问题：

(1) 学生反映难理解，教师反映不好教；

(2) 企业反映脱离实际，与他们的需求距离很大；

(3) 不适应新一轮教学改革的需要，汽车车身修复、汽车商务、汽车美容与装潢等专业教材急缺；

(4) 立体化程度不够，教学资源质量不高，教学方式相对落后。

针对以上问题，结合人民交通出版社汽车类专业教材的出版优势，我们开发了"职业教育改革创新示范教材"。本套教材以"积极探索教学改革思路，充分考虑区域性特点，提升学生职业素质"的指导思想，采用职教专家、行业一线专家、学校教师、出版社编辑"四结合"的编写模式。教材内容的特点是：准确体现职业教育特点(以工作岗位所需的知识和技能为出发点)；理论内容"必需、够用"；实训内容贴合工作一线实际；选图讲究，易懂易学。

该套教材将先进的教学内容、教学方法与教学手段有效地结合起来，形成课本、课件(部分课程配)和习题集(部分课程配)三位一体的立体教学模式。

本书由武汉市交通学校彭万平、武汉机电工程学校胡罡担任主编，由武汉市交通学校易昌盛、杨猛担任副主编。

限于编者的经历和水平，书中难免有不妥或错误之处，敬请广大读者批评指正，提出修改意见和建议，以便再版修订时改正。

职业教育改革创新示范教材编委会
2012年1月

目录 CONTENTS

学习任务一　前保险杠的更换 …………………………………… 1
学习任务二　前照灯的更换 ……………………………………… 25
学习任务三　风窗玻璃清洗液罐的更换 ………………………… 40
学习任务四　后视镜的更换 ……………………………………… 55
学习任务五　车门锁的更换 ……………………………………… 69
学习任务六　全车锁芯的更换 …………………………………… 81
学习任务七　车门玻璃升降器的更换 …………………………… 100
学习任务八　前风窗玻璃的更换 ………………………………… 113
学习任务九　发动机罩及行李舱盖的更换 ……………………… 132
学习任务十　车门面板的更换 …………………………………… 149
学习任务十一　车身板件局部变形损伤的修复 ………………… 172
学习任务十二　承载式车身结构件的更换 ……………………… 196
参考文献 …………………………………………………………… 220

学习任务一
前保险杠的更换

学习目标

完成本学习任务后,你应当能:
1. 叙述汽车保险杠的作用;
2. 识别前保险杠的组成零部件;
3. 熟悉汽车用塑料的分类和主要特性;
4. 掌握汽车用塑料件的修复工艺;
5. 正确使用拆装工具和设备;
6. 根据车身维修手册,安全规范地拆装前保险杠及其附属件。

 建议完成本学习任务的时间为 **24** 课时。

 学习任务描述

一辆2010款爱丽舍1.6L轿车因撞击造成前保险杠损坏,需要你对此次事故作出正确的评估并维修。

 学习内容

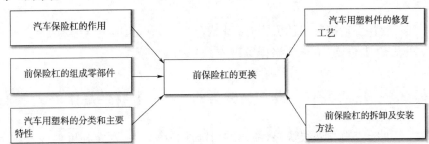

学习任务一　前保险杠的更换

一、资料收集

引导问题1　汽车保险杠的作用是什么？

汽车保险杠是吸收缓和外界冲击力、防护车身前后部的安全装置。20年前，轿车前后保险杠是以金属材料为主，用厚度为3mm以上的钢板冲压成U形槽钢，表面进行镀铬处理，与车架纵梁铆接或焊接在一起，与车身有一段较大的间隙，好像是一件附加上去的部件。现在的轿车前后保险杠除了保持原有的保护功能外，还追求与车体造型的和谐、统一，追求本身的轻量化。为了达到该目的，目前轿车的前后保险杠均采用塑料制成，人们称为塑料保险杠。其具体作用如下：

1 保护作用

当汽车发生纵向碰撞时，前保险杠能吸收缓和外界冲击力、保护车身，使之损失较小，同时通过缓冲使人的伤害程度也大大降低。

2 装置作用

在前保险杠上，可以装置灯具、雷达探测头、牌照架及牌照等物件。

3 美化作用

从外观上看，可以很自然的与车体结合在一起，浑然一体，具有很好的装饰性，成为装饰轿车外型的重要部件。

4 提高空气动力特性

随着轿车向高速化发展，前保险杠不仅有吸能和装饰作用，其形状、尺寸及安装位置等与车身造型的最佳配合，也是降低整车空气阻力、提高空气动力的重要因素。

引导问题2　前保险杠是由哪些零部件组成的？

前保险杠安装在发动机舱最前方，与车身结合为一体。2010款爱丽舍轿车前保险杠主要由前保险杠表皮、上格栅、下进气格栅等组成，如图1-1所示。

引导问题3　汽车用塑料是如何分类的？其主要特性是什么？

塑料在汽车上的应用发展很快，从最初的内饰件和小零件，发展到可替代金属来制造各种机械配件和车身板件，既可获得汽车轻量化的效果，又可改善汽车的某些性能，如耐磨、防腐、减振、降噪等。随着汽车工业的发展,塑料的应用越来越受到重视。

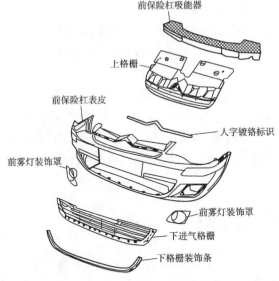

图1-1 前保险杠结构示意图

1 汽车用塑料的分类

塑料的种类很多,按其热性能不同,可分为热固性塑料和热塑性塑料两大类。

① 热固性塑料

热固性塑料开始时以液体形式存在,在受热和使用催化剂的情况下发生化学反应。随着加热的进行,塑料中的树脂分子不断增大,最后达到硬化。硬化后如果再加热,它就不会再软化了。因而此材料多用于制作一次性成型不需要修复的零件。这类塑料耐热性好,受压不易变形,但力学性能较差,修复时只能黏结不能焊接,但可以在无气流焊机上进行"焊合",常用的热固性塑料有环氧树脂、酚醛树脂、氨基树脂、有机硅树脂等。

② 热塑性塑料

热塑性塑料较为常见,塑料受热时会软化具有热塑性,冷却时会硬化,重复加热和冷却,不会改变其性质,但它的性能会有所下降。这类塑料可以利用它受热软化和冷却硬化的特性,制成各种形状的零部件。修复时可在塑料焊机上焊接,也可黏结。常用的热塑性塑料有聚乙烯、聚氯乙烯、聚四氟乙烯、聚苯乙烯、聚丙烯、聚甲醛、聚苯醚、聚酰胺等。

2 塑料的主要特性

塑料具有许多优良的物理和化学性能,主要有以下几点:

(1)质量轻。塑料的相对密度一般只有 $1.0 \sim 2.0 \text{g/cm}^3$,可以大幅度减轻汽车的质量,降低油耗。

(2)化学稳定性好。一般的塑料对酸、碱、盐和有机溶剂都有良好的耐腐蚀性。

(3)比强度高。比强度是指单位质量的强度。尽管塑料的强度要比金属低,但塑料密度小、质量轻,以等质量相比,其比强度要高。

(4)电绝缘性好。大多数塑料有良好的电绝缘性,汽车电器零件广泛采用塑料作为绝缘体。

(5)耐磨、减磨性好。大多数塑料的摩擦系数较小,耐磨性好,能在半干摩擦甚至无润滑条件下良好地工作。

(6)吸振性和消声性好。采用塑料轴承和塑料齿轮的机械,在高速运转时,可平稳地转动,大大减小噪声,降低振动。

塑料也有不少缺点:与钢材相比,其力学性能较低;耐热性较差(一般只能在100℃以下长期工作);导热性差;容易吸水,吸水后性能恶化。此外,塑料还有易老化、易燃烧、温度变化时尺寸稳定性差等缺点。

引导问题 4　如何正确鉴别塑料件的种类?

不同车型所用的塑料不尽相同,即使是同一车型的汽车也是如此。通常是因为厂家更换了塑料供应商,或者是改变了设计和生产工艺。因此,在对汽车塑料钣金件进行修理前,应对塑料进行鉴别,以确定最佳的修理方案。

1　查看 ISO 识别码

现在越来越多的工厂使用 ISO 代码,鉴别时可查看压制在塑料件上的国际标准符号,即 ISO 识别码。一般情况下,要将零件拆下后才能看到所标注的代码,如图1-2 所示。

图1-2　ISO 识别码

2　查阅车身维修手册

对于那些没有标注国际标准符号的零件,必须查阅车身维修手册,手册中一般都标注了每个塑料件所用的材料。但要注意这种手册会经常更新,一般每年两次,因而对于新型汽车,非常重要的是应查阅最新版的车身维修手册。

3　挠性测试法

将修理用的塑料制成试件,并与损坏的塑料件共同进行弯曲测试(图1-3)。一般热固性塑料在弯折后不能完全恢复形状,而热塑性塑料弹性较好可以恢复形状。当挠性相同时,两者材料类型相同,该试件的塑料就可用来修理损坏的塑料件,反之就要再换塑料试件,直到两者挠性相同为止。

4 燃烧测试法

利用热固性塑料燃烧时不会产生熔滴,而热塑性塑料燃烧时会产生熔滴来确定塑料的种类。但是这种测试并不总是可靠的,而且塑料燃烧不仅会产生致癌物质,还会对环境造成污染。因此,建议一般不要使用这种方法。

5 试焊法

试焊是鉴别塑料类型的一种可靠的方法。试焊时可试用几种塑料焊条(图1-4),能与零件焊合的那种焊条即是所需的焊条。这些焊条采用颜色编码,不同焊条颜色也不一样,可见只要找到与零件焊合的焊条,塑料件的材料也就鉴别出来了。试焊应在零件的隐蔽处或损伤部位进行试焊。

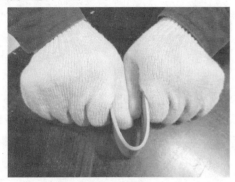

图1-3 挠性测试法

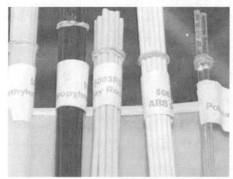

图1-4 不同的塑料焊条

引导问题5 在对塑料件进行作业时,应该注意哪些安全事项?

在对塑料和玻璃纤维进行作业时,一定要时刻注意安全。树脂和相应成分会刺激人的皮肤和胃壁,硬化剂能产生有害的气体。在使用这类产品之前,一定要阅读并理解下列安全注意事项:

(1)仔细阅读所有的标签说明和警告内容。
(2)当切割、打磨或研磨塑料件时,防尘控制是非常重要的。
(3)使用玻璃纤维树脂或硬化剂时,要戴上橡皮手套,穿上长袖工作服,扣上领子和袖口,以防止打磨时产生的粉尘粘到皮肤上。
(4)在身体的所有暴露部位都应使用护肤膏。
(5)如果树脂或硬化剂接触到皮肤,用硼砂皂和热水或酒精进行清洗。
(6)防护镜也是必需品。
(7)工作区域必须通风良好。

（8）戴上合格的防尘罩，避免吸入打磨粉尘和树脂蒸气。

引导问题6　怎样规范地修复汽车用塑料件？

和其他的车身修理工作一样，修理塑料件时要先进行评估，确定该塑料件应修理还是更换。如果在弧形接板或大的塑料板上有小的裂缝、撕裂、凹槽或孔，而这些部件难以更换或更换成本较高，则修理是合理的；如果塑料件大面积损坏，或者翼子板喇叭口、塑料装饰件等价格便宜且容易更换的部位发生损坏，则进行更换是合理的。简单说，汽车用塑料件是修理还是更换要由修理人员或评估人员决定。

如果决定修理，必须确定该塑料件有无从汽车上拆下的必要。为了高质量地修复损坏部位，必须能够接触到整个损坏区域，如果接触不到，则必须拆下塑料件进行表面修整。

一般来说，汽车塑料件有以下两种修理方法。

（一）黏结法修理

1 黏结法修理的类型

❶ 溶剂黏结法

溶剂黏结法就是把丙酮或乙酸乙酯滴在结合部位的边缘处（图1-5），直到材料溶解为止（在呈糊状时材料就结合在一起了），此方法用于车顶灯座、侧灯座等小件修理。对于聚丙烯、聚乙烯塑料板件不能使用这种方法，因为丙酮不能溶解这些材料。

❷ 氰基丙烯酸酯黏结法

氰基丙烯酸酯（CA）是一种单组分快速固化黏合剂，用来修理塑料件。它们经常在涂敷最后的修理材料之前使用，当作填料或将各个部分固定在一起。氰基丙烯酸酯也称为"超级胶"，能快速黏合塑料件。

❸ 双组分黏合剂黏结法

双组分黏合剂由基底树脂和硬化剂（催化剂）组成（图1-6）。按1∶1比例混合后，混合剂

图1-5　溶剂黏结法修理塑料件

图1-6　双组分黏合剂

可以在零件上固化并与基底材料黏结。在许多塑料件的修理过程中，双组分黏合剂可以代替塑料焊接，而且比单组分的氰基丙烯酸酯强度更高。

黏合剂可以用在所有塑料件修理上，但在修理前必须明确塑料的种类。

2 黏合剂使用注意事项

使用黏合剂进行黏结修理时，注意事项如下：

（1）大多数黏合剂产品系列都有两个以上的品种，可用于不同种类塑料的修理。不同品种的黏合剂不能混用。选定一个产品系列，在整个修理过程中都要使用它。

（2）产品系列通常包括黏合促进剂、填充剂和挠性填料，应根据其说明使用。

（3）有的产品系列适用于特定的基底材料。

（4）有的产品系列可能对所有的塑料都使用一种挠性填料，而有的则可能为不同的塑料设计两种或更多的挠性填料。

（5）黏合促进剂用来处理塑料件的表面，使之可以更好地黏合。某种塑料件是否需要使用黏合促进剂，可以通过一个简单的测试确定。用高速打磨机和36号砂纸轻轻打磨塑料件上的隐蔽点，如果出现粉尘，则可以使用上述的黏结法进行修理；如果打磨后塑料件软化并出现油污，或者看起来像涂了油脂或蜡，就必须使用黏合促进剂。许多塑料填料和黏合剂都含有黏合促进剂，使用时需查看它们的说明。

3 塑料件黏结修理的方法

① 黏结修理小划痕和裂缝的方法

塑料件上的小划痕和裂缝通常可以用黏合剂来修理，其修理程序如下：

（1）用热肥皂水将修理部位清洗干净，然后再用水和塑料清洁剂将修理部位擦洗干净（图1-7）。必须将表面上的蜡、灰尘或油脂清除干净。

（2）清洗后，用黏合剂工具包对裂缝进行预处理，这个工具包应含有两种成分：速凝剂和黏合剂。将速凝剂喷涂在裂缝的一侧，然后在同一侧涂上黏合剂，使用黏合剂前要将塑料件加热到21℃。

（3）小心地将划痕或裂缝的两侧恢复到原来的位置，然后快速地用力将它们压在一起。压足1min，以获得良好的黏结强度。然后，使其硬化3~12h，或者根据标签上的说明和注意事项，以获得最大的黏结强度。

图1-7　用专用的塑料清洁剂清洗修理表面

（4）如果原有的漆面没有损坏，并且修理部位

学习任务一 前保险杠的更换

定位准确,就没有必要重新喷漆。

2 黏结修理凹痕、撕裂和刺穿的方法

塑料件上的凹痕、撕裂和刺穿的修理程序比小裂缝复杂一些,修理程序如下:

(1)首先,用热肥皂水彻底清洗修理部位。然后,用浸有除蜡剂、除脂剂和硅树脂溶剂的湿布彻底清洁受损部位后再擦干。

(2)为了使黏合剂能够良好地黏结,需要对修理部位进行打磨,一般要使用中等粒度的小砂轮进行低速打磨,转速不超过2000r/min。将凹痕等损伤处侧边切成6~10mm的斜面,并打磨粗糙,有利于更好地黏结。每次进行修理时,都应打磨接合的表面以提高黏结性。

(3)使用更细粒度的砂轮将修理部位周围的油漆修薄,将油漆边缘逐渐融合至塑料件中。继续清除油漆,使损伤处周围25~38mm的范围内没有油漆。黏合剂不能覆盖到喷过漆的表面上。

(4)仔细地擦除所有油漆和氨基甲酸乙酯尘屑,修理部位必须绝对清洁。

(5)热处理可以提高某些黏合剂的黏结性能,可以使用火焰可控的喷灯或烤灯进行加热处理。

(6)用硅树脂溶剂和除蜡剂清洁修理部位的背面,然后贴上汽车衬带(推荐使用一侧带有强黏性和防水衬底的铝箔),完全盖住损伤处,边缘留下约25mm的黏结表面。

(7)可以用玻璃纤维布块作衬底,而不是用衬带。布块可以保留下来,有利于提高修理部位的强度。将整块布的两侧都浸透黏合剂,这样可以使布块良好地黏结在塑料件的背面,还可以密封布块。

(8)在干净光滑的表面上(如金属或玻璃器皿)准备黏合剂。大多数黏合剂装在两根管子中,挤出等量的材料,均匀地搅动以减少气泡,直到获得均匀一致的颜色和状态。

(9)用塑料刮刀将黏合剂刮入损伤处。必须小心地快速完成操作,因为黏合剂在2~3min内就会开始硬化。一般需要涂两遍黏合剂,第一遍用来填充损伤处的底部,涂抹时不必担心外部形状。在涂抹第一遍时,一定要尽量多地填满,然后在室温下硬化大约1h,如果允许加热硬化,可使用加热灯或加热枪以90℃的温度加热20min进行硬化处理。

(10)在涂抹最后一遍黏合剂之前,要先用细砂轮将第一次涂抹黏合剂时形成的凸点磨平,并擦净粉尘。

(11)调配第二遍使用的黏合剂,将上述两种材料均匀搅拌,约等2min后,涂抹第二遍黏合剂,将黏合剂刮到整个修理部位的轮廓上。用塑料刮刀将黏合剂抹成与塑料件轮廓相接近的形状。

(12)在黏合剂干燥之后,先用80号粒度的打磨块将周围区域进行粗打磨,然后用打磨机先后装上180号砂纸和240号砂纸轻轻打磨修理部位,使塑料件表面变得非常平滑。

(13)最后用320号砂纸修薄边和精磨。当打磨完成后,清除所有的尘屑和松脱的材料,然后就可以对塑料件表面进行喷漆处理。

(二)焊接法修理

塑料件焊接是利用热源把塑料焊条和塑料件熔化后黏结在一起的方法。成功的焊接需

要压力和热量都保持恒定且比例平衡,焊条上压力过大往往会拉伸焊缝,温度过高会使塑料烧焦、熔化或变形。

汽车塑料件的焊接技术包括热空气塑料焊接、无空气熔流塑料焊接和超声波塑料焊接等。其中热空气塑料焊接和无空气熔流塑料焊接在现代汽车修理行业中应用最为广泛。

1 塑料件焊接的类型

① 热空气塑料焊接

热空气塑料焊接使用电热工具(图1-8)产生热空气(230～350℃),通过喷嘴喷到塑料件上。

当使用热空气焊接塑料件时,焊条直径若比被焊接的塑料件厚度大,将会导致焊条熔化前塑料件过热,为了避免由此产生修复后塑料件的翘曲问题,建议使用直径较小的塑料焊条。

② 无空气熔流塑料焊接

无空气熔流塑料焊接是利用电热元件熔化直径为3mm的较小焊条,不使用热空气。用较小的焊条进行无空气焊接有助于解决塑料件翘曲和焊条过度堆积两个难题。

根据要焊接的塑料类型,把无空气熔流塑料焊机(图1-9)的温度调节旋钮调到所需的温度位置。焊机完全加热通常需要3min左右。

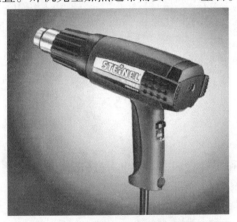

图1-8 热空气塑料焊枪

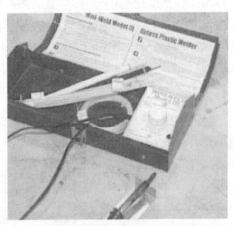

图1-9 无空气熔流塑料焊机

焊条和受损塑料件的材料要相同,否则无法成功焊接。许多生产商提供了焊条应用表,正确选定焊条后,最好在开始之前用一小段焊条穿过焊机清理焊头,然后再进行焊接。

③ 超声波塑料焊接

超声波塑料焊接依靠高频振动能量使塑料黏合,而不必熔化基底材料。手持超声波塑料焊接装置的可选频率为20～40kHz,它适用于焊接大的塑料件和空间狭窄难以到达的区域。

学习任务一　前保险杠的更换

可以用它在单点或多个位置上焊接塑料件。焊接时间通过电源可以进行控制,焊接时间短,几乎不超过0.5s。

2　塑料焊接的注意事项

热空气塑料焊接和无空气熔流塑料焊接的基本方法非常相似。为了保证塑料件的良好焊接,要注意以下事项:

(1)塑料焊条往往用颜色编码表明它们的材料种类,但各生产商采用的编码不一致,利用提供的参考信息是非常重要的。如果焊条与基底材料不兼容,则无法焊接。

(2)温度过高会使塑料烧焦、熔化或变形,温度过低则无法将基底材料和焊条熔透。

(3)压力过大会拉伸焊接处并导致变形。

(4)焊条和基底材料之间的角度必须正确,如果角度过小,则无法正确完成焊接。

(5)焊接速度要正确,如果焊枪移动过快,则不会生成良好的焊缝;如果焊枪移动过慢,则会烧焦塑料。

(6)焊条必须与基底材料兼容,才能得到与原来的塑料件相同的强度、硬度和挠性。

(7)一定要测试焊条与基底材料的兼容性。测试时,将焊条熔化在损坏部位的隐蔽处,然后使焊条冷却,试着拉离焊条,如果焊条呈兼容的,那么它会黏在上面。

(8)不同的塑料有不同的焊接温度,焊接时一定要把焊机调整到所需的温度位置。

(9)不要在潮湿处使用塑料焊机、加热喷枪或类似的工具,以防触电。

(10)要练习到一定的焊接水平后,再进行难度高的垂直焊接和高架焊接。

(11)焊接的表面面积越大,黏合力越强。

(12)开始无空气塑料焊接之前,先用一小段焊条穿过焊机,将焊头清理干净。

3　塑料件焊接修理的方法

1　塑料件的热矫正

由于大多数车身塑料件都具有良好的弹性和柔性,所以受到冲击、挤压等机械损伤时,往往以弯曲、扭曲或弯扭变形共存的综合变形形式出现。对此,可采用热矫正的方法恢复变形。

当车身塑料件的变形与断裂并存时,应先进行热矫正后再对其断裂处进行焊接或黏结。一般先将发生整体变形的塑料件置于50℃的烘房内加热30min左右,加热后再用手将变形依原样恢复。如果是局部小范围变形,可使用热风塑料焊枪等对变形部位加热。由于热风塑料焊枪存在加热不均的缺点,容易造成局部过热而烧损零件,操作时最好在变形部位的背面烘烤,待塑料稍一变软即立刻用手(戴帆布手套)进行按压、矫正。

对于较大变形,应使用红外线烘干灯加热变形部位,待塑料件稍一变软即立刻对变形部位加压、矫正。为了获得良好的外观,矫正较大面积的变形时,还应借助于一些辅助工具,如光滑的木板等。

由于红外线烘干灯加热效率高、升温快,应注意严格控制塑料件的受热温度,一般应以50~60℃为宜,最多不得超过70℃,以免产生永久变形。完成矫正后,应使其在原处慢慢恢复到常温状态,而不要采取其他强制性冷却措施或过早地搬动构件,以免发生构件的整体变形。

❷ 热空气塑料焊接

（1）根据被焊塑料件的情况,在损坏部位开出60°左右的坡口。
（2）用肥皂水清洗坡口,晾干后用塑料清洗剂清洗,但不要用一般的溶剂来清洗。
（3）将焊条端部切出60°左右的切口。
（4）将断裂线进行定位焊或用铝制车身胶带粘好。
（5）交替将喷嘴喷出的热风直接吹到焊条及焊件上,但主要是吹焊条。焊接时焊嘴应距离焊缝8~12mm,焊炬倾角为30°左右,而焊条则垂直于焊件表面。切好的焊条端部应置于焊缝的起点,如图1-10所示。
（6）焊条与塑料件同时被加热到发光并带有黏性,而焊条便会黏住塑料件片,此时必须维持焊条与塑料件的正确温度,切不可温度过高。如果温度过高就会引起焊缝褶皱,变为棕色,降低焊接强度。为保证焊条与塑料件适当的焊接温度,焊炬可上下垂直扇动,使塑料件焊缝处得到更多的热量,并受热均匀。当焊条与塑料件边缘受热熔化都略带亮光时,对焊条略施压力就会深入焊缝,继续加热,焊条与焊缝材料熔为一体。塑料焊接时的平均速度应保持在150~200mm/min。

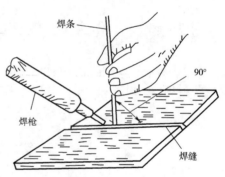

图1-10　焊条与焊缝成90°

　　焊接过程中,焊条上的压力应保持一致。如果需要更换焊条时,应在焊条不是太短之前停止焊接,然后将焊条和塑料件接触点迅速切断。新焊条仍切成60°左右的切口,保持结合处平滑过渡。结束焊接时,宜迅速加热焊条和塑料件接触区域,停止焊条移动并继续保持焊条的压力直到焊缝冷却后切断焊条。

　　塑料件的焊缝不应出现棕黄色或褶皱,如果出现黄色或褶皱说明温度过高。焊缝应看出焊条与焊件完全熔合,如果焊缝不完全互熔,焊缝中有明显的焊条形状,说明焊接热量不足。良好的焊缝应在焊缝的两侧出现小流线或波纹,说明压力和热量适当,焊条和塑料件完全熔合。

（7）用砂纸对焊缝进行磨平，对于大面积焊缝可使用低速砂轮机磨平。在打磨之前，应先用刀子把多余的塑料刮掉。打磨时应注意不要引起过热，以免塑料变软。为了加快打磨速度而不致损坏焊缝，可以定期加水冷却。

❸ 无空气熔流塑料焊接

无空气熔流塑料焊接是塑料焊接中最常用的焊接方法，它既可以用于单面修理，也可以用于双面修理。无空气熔流塑料焊接操作程序如下：

（1）将焊条装入预热管，焊头的端部放入V形槽。
（2）将焊条固定到位，直到其开始熔化并从平头端向外流出。
（3）焊条不能自动进给，要用少量的力将焊条推过预热管，注意不要过快推进焊条。
（4）慢慢地移动焊头，在槽内来回移动，直到里面填满熔化的塑料。
（5）将熔化的塑料焊入基底材料，特别是V形槽的顶部。
（6）一次焊接大约25mm，这样可以在塑料冷却前磨光焊接位置。

二、实 施 作 业

引导问题7　作业需要哪些工具、设备和材料？

（1）小棘轮扳手、接杆、10mm套筒、塑料卡扣拆卸器、小规格一字螺丝刀、T20螺丝刀、热空气塑料焊枪，如图1-11、图1-12所示。

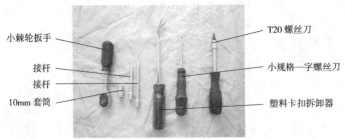

图1-11　拆装工具

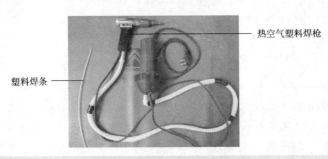

图1-12　塑料焊接设备及焊条

（2）举升机、脚垫、转向盘套、座椅套、变速杆手柄套、驻车制动器操纵杆套、前翼子板防护垫、干净抹布。

（3）前保险杠表皮、固定支架、上格栅、下进气格栅、塑料焊条等。

（4）爱丽舍轿车车身维修手册。

引导问题8 通过查询和查找（图1-13），认真填写以下信息。

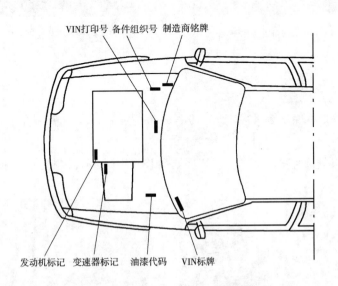

图1-13　2010款爱丽舍轿车各标识位置

生产年份_____，车牌号码_____，行驶里程_____，发动机型号及排量_____，备件组织号_____，油漆代码_____，车辆识别代码（VIN）_____。

引导问题9 作业前的准备工作有哪些?

（1）车辆进入修理工位前，将工位清理干净，准备好相关的工具和材料，如图1-14所示。

> 小提示
>
> 培养良好的工作习惯，做好事前准备，有利于安全操作和提高工作效率。

（2）将车辆停驻在举升机中央位置，如图1-15所示。

图1-14 作业前的工位清理　　　　图1-15 将车辆停驻在举升机中央位置

 小提示

将车辆停驻在举升机中央位置,为车辆的安全举升做好准备。

(3)将变速杆置于空挡或驻车挡(P挡),如图1-16所示;拉起驻车制动器操纵杆,如图1-17所示。

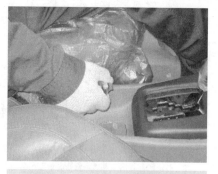

图1-16 变速杆置于空挡或驻车挡(P挡)　　　图1-17 拉起驻车制动器操纵杆

 小提示

为保证车辆在工位上的可靠停驻,防止出现溜滑而造成安全事故,因此,要将变速杆置于空挡或驻车挡(P挡),同时拉紧驻车制动器操纵杆。

(4)套上转向盘套、座椅套、变速杆手柄套、驻车制动器操纵杆套,铺设脚垫,如图1-18～图1-22所示。

 小提示

为防止污物弄脏驾驶室,需对驾驶室进行简单的防护。

（5）拉动发动机罩开启拉索，扣开安全锁；取下发动机罩支撑杆，将发动机罩可靠支撑，如图1-23～图1-26所示。

图1-18　套上转向盘套

图1-19　套上座椅套

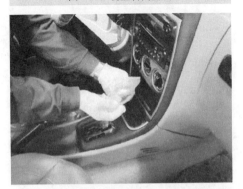

图1-20　套上变速杆手柄套

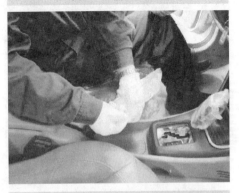

图1-21　套上驻车制动器操纵杆套

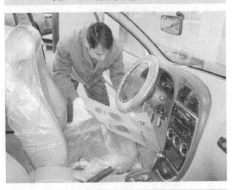

图1-22　铺设脚垫

图1-23　拉动发动机罩开启拉索

小　提　示

为了方便维修，发动机罩开启的角度可随着支撑杆放置位置的不同而发生改变。图1-27箭头所指的部位为支撑杆放置的位置。

图1-24　扣开安全锁

图1-25　取下发动机罩支撑杆

图1-26　将发动机罩可靠支撑

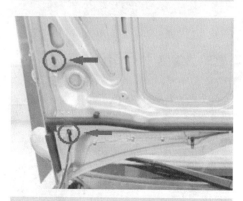

图1-27　发动机罩支撑杆放置的位置

（6）安装好左、右前翼子板防护垫，如图1-28、图1-29所示。

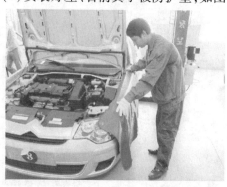

图1-28　安装左前翼子板防护垫

图1-29　安装右前翼子板防护垫

小　提　示

为了防止操作过程中不小心划伤车身油漆，还需对相关覆盖件进行防护。

（7）个人防护：操作前应做好个人防护工作，如图1-30所示。

a) 修复时的防护　　b) 切割时的防护　　c) 焊接时的防护　　d) 防腐处理时的防护

图1-30　不同操作阶段的防护措施

①长袖、棉质服装,能避免操作时被高温飞溅物及设备产生的高温烫伤。

②焊接护裙能保护身体免受高温飞溅物的伤害,应在进行电弧焊操作时佩戴,如图1-31所示。

③护目镜能避免粉尘及飞溅物损伤眼睛,如图1-32所示。

 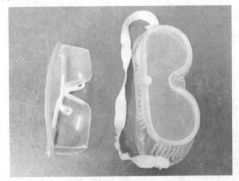

图1-31　焊接护裙　　　　　　　　　　图1-32　护目镜

④防尘呼吸器能避免将粉尘吸入体内,应在打磨、除尘和切割时佩戴;滤筒式呼吸器可滤除细微的溶剂颗粒,应在防腐处理时佩戴,如图1-33所示。

⑤耳罩能降低高频噪声对听力的损伤,应在打磨、锤打时佩戴,如图1-34所示。

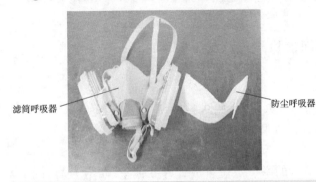 

图1-33　呼吸器　　　　　　　　　　图1-34　耳罩

⑥手套能保护手部皮肤,焊接时,必须佩戴专用的皮质手套,而进行防腐处理接触化学溶剂时必须佩戴专用的橡胶手套,如图1-35所示。

⑦鞋头带钢板的绝缘工作鞋,能避免操作时重物落下砸伤脚面,并防止操作时触电,如图1-36所示。

⑧护腿能避免腿脚被切割和焊接时的高温飞溅物烫伤,由防火材料制成,如图1-37所示。

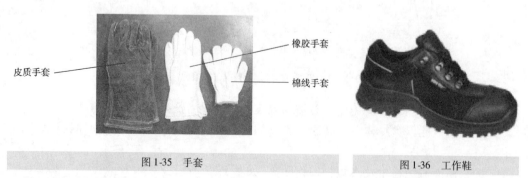

图1-35 手套　　　　　　　　　　图1-36 工作鞋

⑨防护面罩能避免打磨、切割和焊接时产生的高温飞溅物及弧光对面部的伤害,如图1-38所示。打磨、切割和电阻点焊时应佩戴无色透明的防护面罩,气体保护焊时应佩戴焊接防护面罩。

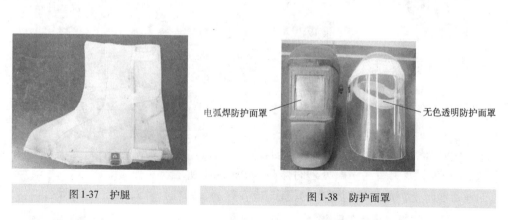

图1-37 护腿　　　　　　　　　　图1-38 防护面罩

引导问题10　怎样规范地拆卸前保险杠及其附属件?

(1)拆卸上格栅固定卡扣及螺钉。

①用塑料卡扣拆卸器拆下塑料膨胀卡扣共4个,如图1-39所示。

②用T20螺丝刀拆下固定螺钉共4个,如图1-40所示。

(2)将车辆按要求举升至合适高度。

①将举升机的4个支撑架按车辆推荐的举升点位置放置好并锁止,如图1-41、图1-42所示。

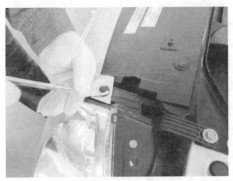

图1-39 拆下塑料膨胀卡扣

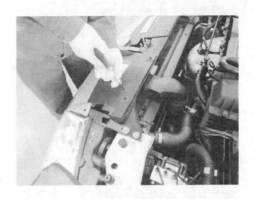

图1-40 拆下固定螺钉

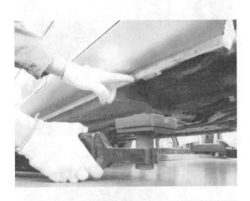

图1-41 放置支撑架

图1-42 锁止支撑架

②按住上行按钮,将车辆举升至合适的高度,如图1-43所示。

小 提 示

在使用举升机之前一定要先阅读说明书。参阅具体车辆的维修信息,找出推荐的车辆举升点位置。车辆的中心应靠近举升机的中心,以免车辆失衡落下。如果听到异响,则表明车辆可能没有正确支撑,应降下车辆并重新对正车辆和举升机,再确保安全钩也能保证举升机和车辆不会落下。

(3)拆卸前保险杠底部六角头螺栓和螺钉,如图1-44、图1-45所示。
(4)拆卸前保险杠固定支架处六角头螺栓。
①将车辆降至合适高度并将前车轮向一个方向转至最大角度,如图1-46、图1-47所示。
②将前挡泥板掰开,用小棘轮扳手配合接杆、10mm套筒将六角头螺栓(左右共两个)拆下,如图1-48所示。
(5)向外稍加用力,使左、右前保险杠上边缘与固定支架分离,如图1-49所示。
(6)脱开前保险杠,如图1-50所示。

学习任务一 前保险杠的更换

图1-43 将车辆举升至合适的高度

图1-44 拆卸六角头螺栓

图1-45 拆卸螺钉

图1-46 将车辆降至合适高度

图1-47 将车轮转至最大角度

图1-48 拆卸六角头螺栓

图1-49 脱开前保险杠上边缘

图1-50 脱开前保险杠

(7)断开前雾灯插头,如图1-51所示,取下前保险杠。

(8)拆卸前保险杠吸能器及挡风板。

①用小棘轮扳手配合接杆及10mm套筒拆卸前保险杠吸能器固定螺栓共4个,取下前保险杠吸能器,如图1-52~图1-54所示。

图1-51 断开前雾灯插头

图1-52 拆卸吸能器上固定螺栓

图1-53 拆卸吸能器下固定螺栓

图1-54 取下前保险杠吸能器

②用T20螺丝刀拆下左右挡风板固定螺钉;脱开倒卡,取下挡风板,如图1-55、图1-56所示。

(9)拆卸前雾灯及前雾灯装饰罩。

①用T20螺丝刀拆下前雾灯固定螺钉共3个,取下前雾灯,如图1-57、图1-58所示。

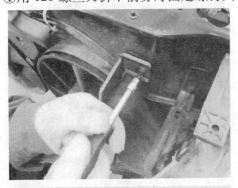

图1-55 拆下挡风板固定螺钉

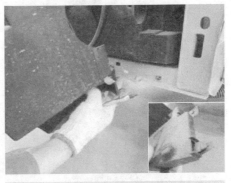

图1-56 取下挡风板

图 1-57　拆下前雾灯固定螺钉

图 1-58　取下前雾灯

②用小规格一字螺丝刀将前雾灯装饰罩拆下,如图 1-59 所示。

(10)拆卸上格栅、下进气格栅、人字镀铬标识等。

①用小规格一字螺丝刀将倒卡脱开,如图 1-60 所示。

图 1-59　拆下前雾灯装饰罩

图 1-60　脱开倒卡

②依次用热风塑料焊枪加热塑料焊点,使其变软,同时用塑料卡扣拆卸器将其撬开,取下下进气格栅,如图 1-61、图 1-62 所示。

③用上述同样的方法将上格栅拆下,如图 1-63 所示。

④用小规格一字螺丝刀小心地拆下人字镀铬标识,如图 1-64 所示。

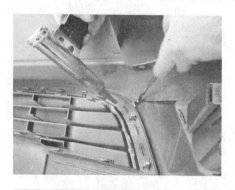
图 1-61　撬开塑料焊点

图 1-62　取下下进气格栅

图1-63 拆下上格栅

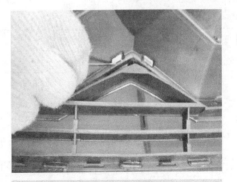

图1-64 拆下人字镀铬标识

引导问题11 怎样规范地安装前保险杠?

(1)安装挡风板及前保险杠吸能器。
(2)将喷好漆的前保险杠放置在铺有防护垫的工位上。
(3)将上格栅、下进气格栅等安装在前保险杠相应部位,用热空气塑料焊枪将其焊接牢靠。
(4)接上前雾灯插头。
(5)两人配合将前保险杠安装在车身上,注意不要划伤前保险杠侧边油漆。
(6)安装上格栅固定卡扣及螺钉。
(7)安装前保险杠固定支架处六角头螺栓。
(8)安装前保险杠底部螺栓和螺钉。
(9)清理工具,清洁工位,如图1-65所示。

图1-65 清洁工位

小 提 示

良好的工作环境能使人们感到愉悦,也有利于安全操作和提高工作效率。

三、评价与反馈

1.对本学习任务进行评价,见表1-1。

评 分 表 表1-1

考核项目	评分标准	分数	学生自评	小组评价	教师评价	小计
团队合作	是否和谐	5				
活动参与	是否积极主动	5				
任务方案	是否正确、合理	15				

学习任务一 前保险杠的更换

续上表

考核项目	评分标准	分数	学生自评	小组评价	教师评价	小 计
安全生产	有无安全隐患	10				
操作过程	(1)是否做了作业前的准备工作； (2)举升机的使用是否正确； (3)汽车用塑料件的修复工艺是否规范； (4)前保险杠的拆卸过程是否规范； (5)前保险杠的安装过程是否规范	30				
任务完成情况	是否圆满完成	5				
工具使用情况	是否规范标准	10				
劳动纪律	是否能严格遵守	5				
现场5S管理	是否做到	10				
工单填写	是否完整、规范	5				
总 分		100				
教师签名：			年　月　日		得分：	

2. 能否向车主解释此次事故评估和维修的过程？如不能，分析原因并提出改进措施。

四、学习拓展

1. 查阅资料，掌握2010款爱丽舍轿车后保险杠的拆卸及安装方法。

2. 查阅资料，了解东风雪铁龙C5轿车前保险杠的基本构造和更换方法。

学习任务二

前照灯的更换

学习目标

完成本学习任务后,你应当能:
1. 叙述前照灯的作用及其分类;
2. 识别前照灯的组成零部件;
3. 掌握前照灯的使用及灯光的调整;
4. 掌握前照灯灯泡的正确更换;
5. 读懂前照灯不亮的故障检测工艺流程,并对测试结果进行分析;
6. 正确使用拆装工具和设备;
7. 根据车身维修手册,安全规范地拆装前照灯。

 建议完成本学习任务的时间为 **12** 课时。

 学习任务描述

一辆 2010 款爱丽舍 1.6L 轿车,车主反映:车辆前部由于出过事故,在外简单维修后发现前照灯不聚光且洗过车后前照灯进水。需要你对此现象进行检测,确定故障部位并维修。

学习任务二 前照灯的更换

学习内容

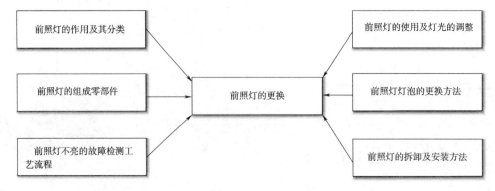

一、资料收集

引导问题1 前照灯的作用是什么?

汽车在夜间或能见度较低的条件下行驶,很容易发生交通事故。前照灯可以为驾驶人在夜间及能见度较低的情况下提供道路照明,还可以通过声、光等信号向其他车辆的驾驶人和行人发出警告,以引起注意,确保车辆行驶的安全。

引导问题2 前照灯是如何分类的?

汽车的前照灯一般有白炽灯、卤素灯、氙气灯等类型。随着汽车技术的不断发展,过去那种白炽真空灯已被淘汰。现在汽车的前照灯以卤素灯、氙气灯为主。

普通白炽灯通过灯内的金属钨在真空环境下发光获得照度,但是金属钨在真空环境下通电产生光的同时也产生钨蒸气,造成亮度逐渐下降,灯光越来越暗。虽然很多车前照灯仍在使用白炽灯,但是普通白炽灯还是会逐渐被淘汰的。

卤素灯,就是在灯泡内渗入少量的惰性气碘,从灯丝蒸发出来的钨原子与碘原子相遇后进行反应,生成碘化钨化合物,当碘化钨化合物一接触白热化的灯丝(温度超过1450℃),又会分解还原为钨和碘,钨又重新归队回到灯丝中去,碘则重新进入气体中。如此循环不已,灯丝几乎不会烧断,灯泡也不会发黑,所以它要比传统的白炽灯寿命更长,亮度更大。现在的汽车普遍采用的都是这种前照灯。

氙气灯,英文简称是HID。它所发出的光亮度是普通卤素灯的2倍,而能耗仅为其2/3,使用寿命可达普通卤素灯的10倍。氙气灯极大地增加了驾驶的安全性与舒适性,还有助于缓解人们夜间行驶的紧张与疲劳。驾驶人可在第一时间内发现危险,从而获得足够的反应时间,很大程度减少了夜间事故发生率。从市场上看,氙气前照灯将会成为市场的主流。

引导问题3 前照灯由哪些零部件组成?

2010款爱丽舍轿车前照灯安装在前保险杠上,由4个凸缘螺栓固定,其组成零部件如图2-1所示。

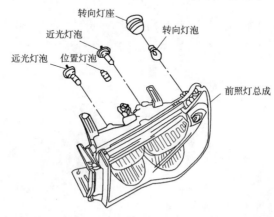

图2-1 前照灯结构示意图

引导问题4 前照灯灯光为何需要调整?其光束照射位置要求是什么?

1 前照灯光调整的必要性

汽车照明系统是否进行正确的指向调整,不仅关系实际的照射效果,也关系车辆行驶的安全,大街上经常能看到一些车的近光灯调得很高,使对面车辆产生炫光,非常影响安全。同时,如果不能正确调节前照灯指向,也会影响前照灯的照射范围以及路面的照射效果。即使是更换一些升级的卤素灯泡,也最好检查一下前照灯是否指向正确,因为灯丝位置的细微变化,也会导致前照灯光型的巨大变化。

2 前照灯光束照射的位置要求

(1)机动车在检验前照灯的近光光束照射位置时,前照灯在距离屏幕10m处,光束明暗截止线转角或中点的高度应为$0.6 \sim 0.8H$(H为前照灯基准中心高度),其水平方向位置向左、向右偏差均不得超过100mm。

(2)四灯制前照灯其远光单光束灯的调整,要求在屏幕上光束中心离地高度为$0.85 \sim 0.9H$,水平位置要求左前照灯向左偏不得大于100mm,向右不得大于170mm;右前照灯向左或向右偏均不得大于170mm。

(3)机动车装用远光和近光双光束灯时,以调整近光光束为主。对于只能调整远光单光

学习任务二　前照灯的更换

束的前照灯,调整远光单光束。

(4)机动车每只前照灯的远光光束发光强度应达到相应的要求。测试时,其电源系统应处于充电状态。

引导问题5 灯光组合开关的使用方法是怎样的？应如何正确调整灯光？

1　2010款爱丽舍轿车灯光组合开关的使用方法

起动发动机后或将车钥匙拧到电源挡位时,通过旋转灯光组合开关A环来逐步实现位置灯、近光灯的开启;将灯光组合开关的手柄朝驾驶人方向拉一下,即可转换近光或远光,如图2-2所示。

 全部照明灯熄灭

将A环向前转

 位置灯亮

将A环继续向前转

 近光灯/远光灯亮

将灯光组合开关手柄向驾驶人方向拉一下,即可转换近光或远光

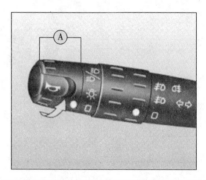

图2-2　位置灯、近光灯和远光灯的使用

 小提示

只有在位置灯或近光灯开启的状态下,才能通过向驾驶人方向拉动灯光组合开关手柄来实现远光灯的开启。

在位置灯、近光灯或远光灯开启时,通过旋转灯光组合开关B环来逐步实现前雾灯、后雾灯的开启,如图2-3所示。

 前雾灯和后雾灯熄灭

将B环向前转

 前雾灯亮

将B环继续向前转

前雾灯和后雾灯亮

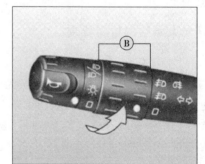

图2-3　前雾灯和后雾灯的使用

只有在位置灯、近光灯或远光灯开启的状态下,才能开启前雾灯和后雾灯。在关闭位置灯时,前后雾灯开关B环也会跟随转动而自动退出后雾灯开启位置并回到雾灯关闭位置上。

按压灯光组合开关顶端的按钮,喇叭响;向驾驶人方向拉一下灯光组合开关手柄,前照灯亮,放手则熄灭;向下按灯光组合开关手柄,则左转向灯闪亮,向上抬灯光组合开关手柄,则右转向灯闪亮,如图2-4所示。

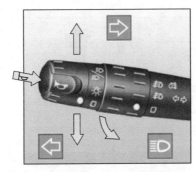

图2-4 喇叭和转向灯的使用

汽车转向时灯光组合开关手柄按指示方向越过限位点,转向开关手柄会随转向盘回正而自动复位。若车辆在危险报警灯已开始工作的状态下行驶,对转向灯操作是无效的。

2 前照灯的调整

方法一:使用前照灯测试仪调整前照灯。将轮胎气压正常的空车停放在平坦的场地上,在驾驶室内乘坐一名驾驶人或将60kg的重物放在驾驶人位置上,使车前部对准前照灯测试仪,按测试结果进行调整。

方法二:将轮胎气压正常的空车停放在平坦的场地上,在驾驶室内乘坐一名驾驶人或将60kg的重物放在驾驶人位置上,使车前部对幕墙保持一定的距离(正面相对10m),如图2-5所示。接通灯光开关,调整其光束。调整前照灯时以一只前照灯为单位进行调整,首先遮蔽其他前照灯;然后拧动上下、左右光束调整螺钉,使主光束(光度最高点)处于规定高度;前照灯上下、左右调整时,必须拧入调整。若需拧松调整时,应完全拧松后拧入调整。

2010款爱丽舍轿车前照灯的调整方法是:打开发动机罩,旋转前照灯后面照射高度调节装置 A（每个车灯 1 个）来调整灯光的高度，如图 2-6 所示。

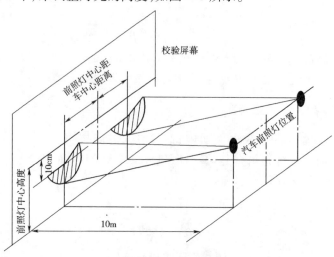

图 2-5　前照灯光束位置示意图

根据车辆负载情况，调整时按逆时针方向旋转照射高度调节装置，还原时按顺时针方向调节。当前排座椅上有 1~2 人或车辆乘坐 5 人，应调至"0"位置；当车辆乘坐 5 人再加上最大允许负载时，应调至"1"位置；当车辆只乘坐驾驶人再加上最大允许负载时，应调至"2"位置，如图 2-7 所示。

图 2-6　前照灯灯光高度调节装置

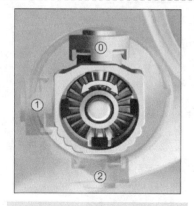

图 2-7　前照灯灯光高度调节方法

引导问题 6　前照灯不亮的故障检测工艺过程是怎样的？

2010 款爱丽舍轿车出现某个前照灯不亮，一般按照以下步骤进行检查，如图 2-8 所示。

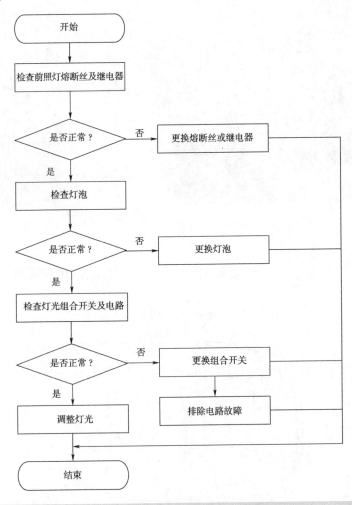

图 2-8 前照灯不亮的故障检测工艺流程

二、实施作业

引导问题 7 作业需要哪些工具、设备和材料?

(1) 小棘轮扳手、接杆、10mm 套筒、T20 螺丝刀、小规格一字螺丝刀、塑料卡扣拆卸器、灯光调整仪,如图 2-9、图 2-10 所示。

(2) 举升机、脚垫、转向盘套、座椅套、变速杆手柄套、驻车制动器操纵杆套、前翼子板防护垫、干净抹布。

(3) 前照灯总成、灯泡等。

(4) 爱丽舍轿车车身维修手册。

学习任务二　前照灯的更换

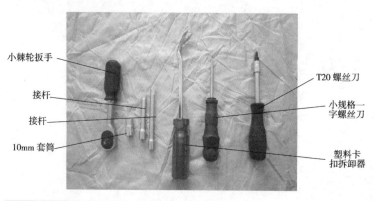

图 2-9　拆装工具

图 2-10　灯光调整仪

引导问题 8　通过查询和查找（图 2-11），认真填写以下信息。

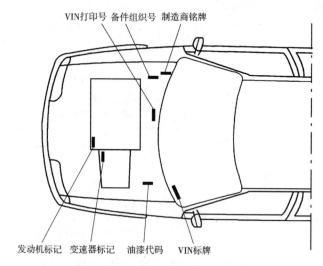

图 2-11　2010 款爱丽舍轿车各标识位置

生产年份_____，车牌号码_____，行驶里程_____，发动机型号及排量_____，备件组织号_____，油漆代码_____，车辆识别代码（VIN）_____。

引导问题 9　作业前的准备工作有哪些？

（1）车辆进入修理工位前，将工位清理干净，准备好相关的工具和材料（图 1-14）。
（2）将车辆停驻在举升机中央位置（图 1-15）。
（3）将变速杆置于空挡或驻车挡（P 挡）；拉起驻车制动器操纵杆（图 1-16、图 1-17）。

（4）套上转向盘套、座椅套、变速杆手柄套、驻车制动器操纵杆套,铺设脚垫(图1-18~图1-22)。

（5）拉动发动机罩开启拉索,扣开安全锁;取下发动机罩支撑杆,将发动机罩可靠支撑(图1-23~图1-26)。

（6）安装好左、右前翼子板防护垫(图1-28、图1-29)。

（7）个人防护:操作前应做好个人防护工作(图1-30~图1-38)。

引导问题 10 怎样规范地拆卸前照灯?

据车主反映的情况来看,前照灯不聚光很容易使驾驶人在夜间行车看不清前方的道路情况,而出现安全事故;前照灯密封不严,容易进灰、进水,造成灯光模糊不清及电路短路现象。为了保证夜间行车安全,更换前照灯是极有必要的。

（1）安全规范地拆卸前保险杠(拆卸前保险杠的方法在前面章节已作详细描叙,这里不再赘述)。

（2）拆卸前照灯总成。

①用小棘轮扳手配合接杆和10mm套筒将固定前照灯的4个凸缘螺栓拆下,如图2-12所示。

 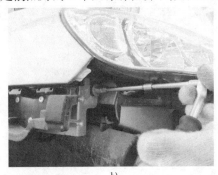

a) b)

图2-12 拆下前照灯凸缘螺栓

②双手小心拔出前明灯总成,如图2-13所示。

③依次拔下前照灯插头,取下前照灯总成,如图2-14、图2-15所示。

图2-13 双手拔出前照灯总成　　图2-14 拔下前照灯插头

学习任务二　前照灯的更换

引导问题 11　怎样判别前照灯不亮的故障原因？

前照灯不亮的原因主要有：熔断丝熔断；灯泡中的钨丝熔断；灯光组合开关出现故障；相关电路断路。在实际检修中一般按照以下步骤进行：

（1）查阅相关维修手册，检查前照灯熔断丝是否熔断，如图 2-16 所示。

（2）正确拆下灯泡，对着光线较好的地方检查前照灯的灯泡钨丝是否熔断，如图 2-17 所示。

（3）拆下灯光组合开关，用万用表检查其是否损坏。

（4）检查相关电路是否存在断路。

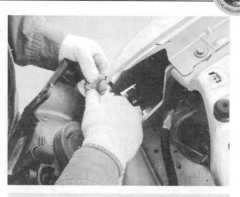

图 2-15　取下前照灯总成

a) 好

b) 坏

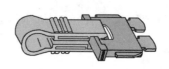
c) 熔断丝拆装夹钳

图 2-16　检查熔断丝是否熔断

图 2-17　仔细检查灯泡钨丝是否熔断

引导问题 12　前照灯灯泡的安装位置在哪？怎样规范地更换灯泡？

1　前照灯灯泡的安装位置

2010 款爱丽舍轿车前照灯灯泡的安装位置如图 2-18 所示。

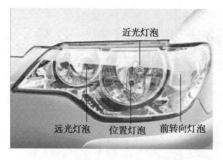
a) 前照灯灯泡正面安装位置

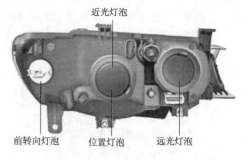
b) 前照灯灯泡背面安装位置

图 2-18　前照灯灯泡安装位置

2 前照灯灯泡的更换方法

（1）前转向灯泡的更换。

①左手扶住前照灯总成，右手逆时针转动前转向灯座45°角使之分离，取下前转向灯座总成，如图2-19、图2-20所示。

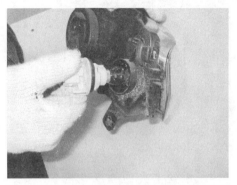

图2-19　逆时针转动前转向灯座使之分离　　　图2-20　取下前转向灯座总成

②左手握住前转向灯座，右手逆时针转动前转向灯泡使之分离，取下前转向灯泡，如图2-21所示。

③安装灯泡时注意对准卡槽，按拆卸相反的顺序装配即可。

> **小提示**
>
> 在没有拆卸前照灯总成的情况下，如果仅仅只是更换前转向灯泡（图2-22），方法如下：将转向盘向更换转向灯相反的方向转到极限；打开前挡泥板前侧的活动盖板（按压卡扣并向后拉）；从活动盖板开口处向前伸入手，不拔电线插头，直接逆时针转动转向灯座45°角，取出灯座；轻轻向里按压并转动灯泡，取出灯泡并更换；按相反的顺序装复并检查是否安装到位。

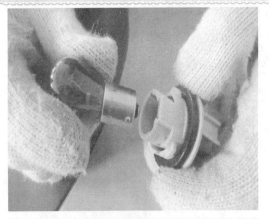

图2-21　取下前转向灯泡　　　　　　　图2-22　直接更换前转向灯泡

(2)近光灯泡/远光灯泡的更换。
①拆下防尘盖,如图2-23所示。
②拔下近光灯或远光灯插头,如图2-24所示。

图2-23 拆下防尘盖

图2-24 拔下近光灯或远光灯插头

③按压钢丝卡夹的头部并松开卡夹,取下近光灯泡或远光灯泡,如图2-25、图2-26所示。

图2-25 按压钢丝卡夹的头部并松开卡夹

图2-26 取下近光灯泡或远光灯泡

④安装灯泡时注意对准前照灯总成缺口的方向(图2-27),按拆卸相反的顺序装配即可。

图2-27 对准前照灯总成缺口的方向安装灯泡

(3)位置灯泡的更换。

①用尖嘴钳拔出位置灯座总成,如图2-28所示。
②拔出位置灯泡,如图2-29所示。
③安装灯泡时注意对准卡槽,按拆卸相反的顺序装配即可。

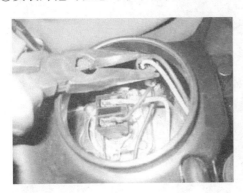

图2-28　拔出位置灯座总成

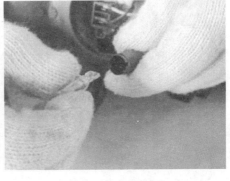

图2-29　拔出位置灯泡

小提示

更换卤素灯泡时,应关灯后等待几分钟,待灯泡冷却后再进行更换,千万不要用手直接触摸灯泡,小心被烫伤,可使用没有绒毛的布包裹灯泡,取下灯泡。由于前照灯总成的外壳是塑料件,为了不损坏前照灯外壳并延长其使用寿命,只能使用防紫外线的灯泡。

引导问题13 **怎样规范地安装前照灯?**

(1)分别插上前明灯插头、转向灯插头。
(2)将新照明灯按安装位置正确放置,用凸缘螺母将其固定。
(3)两个人配合,将前保险杠装配牢固。
(4)调整灯光的聚合度。

小提示

在某些使用条件下,如空气湿度大或洗车后,在前照灯玻璃内表面可能会出现薄薄的一层水汽,开灯行驶一段时间后通常会慢慢消失。如果使用一段时间后水汽依然存在,则要检查前照灯的密封情况。切不可让前照灯内部积水过多,否则会损坏灯泡并易引起电线短路而造成线路烧蚀。

(5)清理工具,清洁工位,如图2-30所示。

学习任务二 前照灯的更换

图2-30 清洁工位

小 提 示

良好的工作环境能使人们感到愉悦,也有利于安全操作和提高工作效率。

三、评价与反馈

1. 对本学习任务进行评价,见表2-1。

评 分 表　　　　　　　　　　　　　　　表2-1

考核项目	评分标准	分数	学生自评	小组评价	教师评价	小计
团队合作	是否和谐	5				
活动参与	是否积极主动	5				
任务方案	是否正确、合理	15				
安全生产	有无安全隐患	10				
操作过程	(1)是否做了作业前的准备工作； (2)举升机的使用是否正确； (3)前照灯的拆卸过程是否规范； (4)前照灯的安装过程是否规范； (5)前照灯灯光的调整是否正确	30				
任务完成情况	是否圆满完成	5				
工具使用情况	是否规范标准	10				
劳动纪律	是否能严格遵守	5				
现场5S管理	是否做到	10				
工单填写	是否完整、规范	5				
总　　分		100				
教师签名:				年　月　日		得分:

2. 能否向车主解释前照灯不亮的故障诊断及排除过程？如不能，分析原因并提出改进措施。

四、学习拓展

1. 查阅资料，了解东风雪铁龙世嘉车型前照灯的基本构造和更换方法。

2. 查阅资料，了解东风雪铁龙 C5 旗舰车型前照灯随动转向功能的作用及工作原理。

学习任务三

风窗玻璃清洗液罐的更换

学习目标

完成本学习任务后,你应当能:
1. 叙述风窗玻璃清洗装置的作用及工作原理;
2. 识别风窗玻璃清洗装置的组成零部件;
3. 了解风窗玻璃清洗液的相关知识;
4. 读懂给定的检测工艺流程,并对测试结果进行分析;
5. 正确使用拆装工具和设备;
6. 根据车身维修手册,安全规范地拆装风窗玻璃清洗装置。

 建议完成本学习任务的时间为 **12** 课时。

 学习任务描述

一辆 2010 款爱丽舍 1.6L 轿车,车主反映:前刮水器不喷水,并且只要一加水就全漏掉了。需要你对此现象进行检测,确定故障部位并维修。

 学习内容

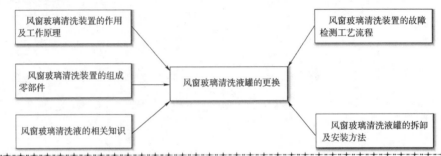

一、资料收集

引导问题 1 风窗玻璃清洗装置的作用是什么?其工作原理是怎样的?

汽车在灰尘较多的环境中行驶时,会造成一些灰尘飘落在风窗玻璃上影响驾驶人的视线。为了消除附在风窗玻璃上的脏物,现代汽车上的刮水系统中又增设了清洗装置,必要时向风窗玻璃表面喷洒专用清洗液或水,在刮水器配合工作下,保持风窗玻璃表面洁净。

风窗清洗装置电路比较简单,一般和电动刮水器共用一个熔断丝。有的车型的清洗开关单独设置,有的则和刮水器开关组合在一起,便于操作。

当清洗开关接通时,清洗电动机带动液压泵转动,将清洗液加压,通过输液管和喷嘴喷洒到风窗玻璃表面。有的车型在清洗开关接通时同时使刮水器低速运行,改善清洗效果。

引导问题 2 风窗玻璃清洗装置都由哪些零部件组成?

如图 3-1 所示,2010 款爱丽舍轿车的风窗玻璃清洗装置由风窗玻璃清洗液罐、洗涤泵、输液管、喷嘴、清洗开关等组成。

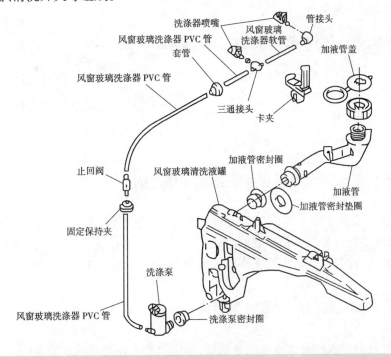

图 3-1 风窗玻璃清洗装置结构示意图

学习任务三 风窗玻璃清洗液罐的更换

1 风窗玻璃清洗液罐

风窗玻璃清洗液罐由塑料制成,容量为 3L 左右。常用的洗涤液是硬度不超过 205×10^{-6} 的清水。为了清除油脂、蜡等物,可在水中添加少量的去垢剂和防锈剂。强效洗涤液的去垢效果虽好,但会促使风窗玻璃密封条和刮水片胶条变质,严重的会引起车身喷漆变色及储液罐、喷嘴等塑料件老化开裂,所以选用洗涤液必须十分慎重。洗涤液应保持清洁,以免堵塞喷嘴。在环境温度低于 0℃时,应使用防冻型洗涤液。

2 洗涤泵

洗涤泵通常安装于储液罐的下部,其电力由蓄电池供给,消耗电流不大于 3.6A。洗涤泵连续工作时间一般不超过 1min,清洗风窗玻璃时洗涤泵先工作,刮水器后工作。在喷水停止后,刮水器会继续刮 3~5 次,这样才能达到良好的清洗效果。

3 喷嘴

洗涤器的喷嘴形状通常分为圆形、方形、扁形三种。单孔喷嘴布置在左右刮水器驱动轴附近,双孔喷嘴布置于车身中心线上。喷嘴的喷头是一个球体,喷射方向可以调节,只要在使用时用大头针插入内孔,稍稍用力即可改变洗涤液的喷射方向。如喷嘴堵塞,可用细钢丝加以疏通。喷嘴直径一般为 0.8~1.0mm,各喷嘴排量要均等,射出的水不应分散。

图 3-2 风窗玻璃清洗储液罐安装位置

引导问题 3 风窗玻璃清洗液罐的安装位置在哪?

风窗玻璃清洗液罐一般都安装在发动机舱的右侧,2010 款爱丽舍轿车风窗玻璃清洗液罐的安装位置如图 3-2 所示。

引导问题 4 刮水器组合开关是怎样使用的?

2010 款爱丽舍轿车刮水器组合开关的使用方法:起动发动机后或将车钥匙拧到电源挡位时,通过刮水器组合开关手柄位置的移动来实现不同挡位(频率)的刮水器刮刷;将组合开关手柄朝驾驶人方向拉一下,即可实现前风窗玻璃的清洗功能,如图 3-3 所示。

引导问题 5 前刮水片该如何更换?

前刮水片是由刮水片骨架及橡胶条组成,由于前刮水片经常处在日常环境中,难免要经历酷暑严寒、风吹雨淋,其使用寿命普遍较短。为此,需要定期更换,以保证刮水片清洁效果。其更换方法是：

前风窗玻璃刮水器开关：
⓪停；
①间歇刮刷；
②正常刮刷；
③快速刮刷；
④单步刮刷：将组合开关手柄向下拉一次（自动回到⓪），则刮水片刮刷一个来回后停止。

前风窗玻璃清洗开关：
朝驾驶人方向拉动组合开关手柄，风窗玻璃表面会喷出清洗液，同时刮水片自动刮刷几个来回后停止。

图3-3 刮水器组合开关的使用

（1）将前刮水臂连同刮水片一起抬起，如图3-4所示。

（2）翻转前刮水片至一定角度，捏住前刮水片固定卡夹的止推卡，使其脱开固定卡夹，取下前刮水片，如图3-5、图3-6所示。

图3-4 抬起前刮水臂及刮水片

图3-5 脱开固定卡夹

小 提 示

由于前刮水臂处安装了压紧弹簧，为了防止不小心触动前刮水臂，使其突然打在前风窗玻璃上造成破损，因而一定要将前刮水臂放下。另外，也为了防止误操作使刮水臂工作，造成前风窗玻璃表面划伤，在放下前刮水臂的同时还要在其前端垫上软布，如图3-7所示。

引导问题6 **2010款爱丽舍轿车风窗玻璃清洗装置的故障检测工艺流程是怎样的？**

2010款爱丽舍轿车，风窗玻璃清洗装置出现不喷水或工作不良，应按照规定的检测工艺流程进行故障分析，如图3-8所示。

学习任务三　风窗玻璃清洗液罐的更换

图3-6　取下前刮水片

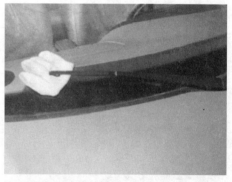

图3-7　前刮水臂前端垫上软布

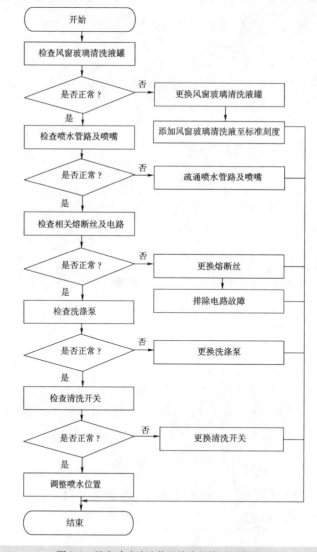

图3-8　风窗玻璃清洗装置故障的检测工艺流程

二、实施作业

引导问题7 作业需要哪些工具、设备和材料？

（1）T20螺丝刀、小规格一字螺丝刀、塑料卡扣拆卸器、13mm套筒、10mm套筒、接杆、小棘轮扳手，如图3-9所示。

图3-9 拆装工具

（2）脚垫、转向盘套、座椅套、变速杆手柄套、驻车制动器操纵杆套、干净抹布。
（3）风窗玻璃清洗液罐、洗涤泵、风窗玻璃清洗液等。
（4）爱丽舍轿车车身维修手册。

引导问题8 通过查询和查找（图3-10），认真填写以下信息。

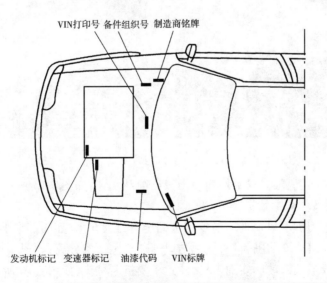

图3-10 2010款爱丽舍轿车各标识位置

生产年份_____,车牌号码_____,行驶里程_____,发动机型号及排量_____,备件组织号_____,油漆代码_____,车辆识别代码(VIN)_____。

引导问题9 作业前的准备工作有哪些?

(1)车辆进入修理工位前,将工位清理干净,准备好相关的工具和材料(图1-14)。
(2)将车辆停驻在举升机中央位置(图1-15)。
(3)将变速杆置于空挡或驻车挡(P挡);拉起驻车制动器操纵杆(图1-16、图1-17)。
(4)套上转向盘套、座椅套、变速杆手柄套、驻车制动器操纵杆套,铺设脚垫(图1-18~图1-22)。
(5)拉动发动机罩开启拉索,扣开安全锁;取下发动机罩支撑杆,将发动机罩可靠支撑(图1-23~图1-26)。
(6)个人防护:操作前应做好个人防护工作(图1-30~图1-38)。

引导问题10 怎样规范地拆卸风窗玻璃清洗液罐?

(1)拆卸前刮水臂总成。
①拔开前刮水臂护罩,用小棘轮扳手配合接杆及13mm套筒,将凸缘螺母拆下,如图3-11、图3-12所示。

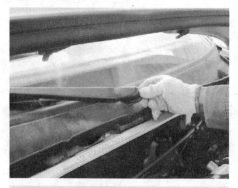
图3-11 拔开前刮水臂护罩

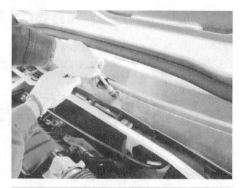
图3-12 拆下凸缘螺母

②将前刮水臂向上竖起,双手均衡使力拔出前刮水臂,如图3-13所示。
(2)拆卸风窗玻璃前围盖板。
①用T20螺丝刀拆下风窗玻璃前围盖板固定螺钉共6个,如图3-14所示。
②用手拔开风窗玻璃前围盖板,使之与风窗玻璃装饰条分离,如图3-15所示。
③双手小心取下风窗玻璃前围盖板,注意不要折断桩头,如图3-16所示。
(3)拆卸风窗玻璃清洗液罐加液管。
①用塑料卡扣拆卸器撬开挡水板,取下挡水板,如图3-17、图3-18所示。

图 3-13　拆卸前刮水臂

图 3-14　拆下前围盖板固定螺钉

图 3-15　拔开前围盖板

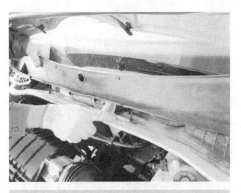

图 3-16　取下前围盖板

图 3-17　撬开挡水板

图 3-18　取下挡水板

②用手来回转动加液管使之松动，拔出加液管，如图 3-19、图 3-20 所示。

（4）拆卸右前侧灯。

①用小规格一字螺丝刀从后方小心撬起右前侧灯，如图 3-21 所示。

②拔下右前侧灯插头，取下右前侧灯，如图 3-22 所示。

（5）拆卸右前挡泥板。

①用塑料卡扣拆卸器分别拆下前挡泥板固定卡扣，如图 3-23 ~ 图 3-26 所示。

学习任务三　风窗玻璃清洗液罐的更换

图3-19　来回转动加液管

图3-20　拔出加液管

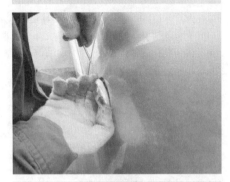

图3-21　从后方撬起右前侧灯

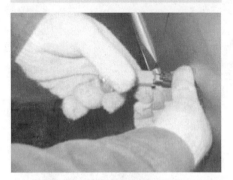

图3-22　取下右前侧灯

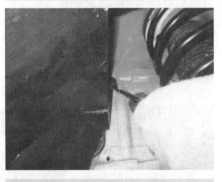

图3-23　拆卸后部上端的固定卡扣

图3-24　拆卸后部下端的固定卡扣

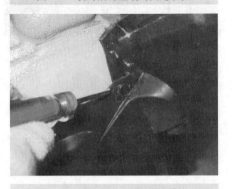

图3-25　拆卸侧面上端的固定卡扣

图3-26　拆卸前部上端的固定卡扣

②将汽车举升至合适高度,拆下右前挡泥板底部固定螺钉及螺栓,取下右前挡水板,如图 3-27 ~ 图 3-29 所示。

③用塑料卡扣拆卸器拆下右前挡泥板侧面下端的固定卡扣,取下右前挡泥板,如图 3-30、图 3-31 所示。

图 3-27 拆下底部固定螺钉

图 3-28 拆下底部固定螺栓

图 3-29 取下右前挡水板

图 3-30 拆下侧面下端的固定卡扣

(6)拆卸风窗玻璃清洗液罐。

①用小棘轮扳手配合接杆及 10mm 套筒,拆下风窗玻璃清洗液罐下端的固定螺栓及上端的固定螺母,如图 3-32、图 3-33 所示。

图 3-31 取下右前挡泥板

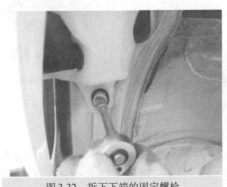

图 3-32 拆下下端的固定螺栓

②放下风窗玻璃清洗液罐,拔下洗涤泵插头,如图 3-34、图 3-35 所示。
③将残留的风窗玻璃清洗液倒入水桶或盆中,如图 3-36 所示。

图 3-33　拆下上端的固定螺母

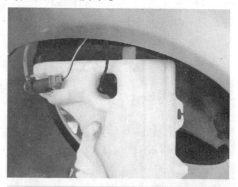

图 3-34　放下风窗玻璃清洗液罐

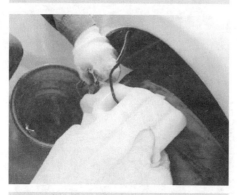

图 3-35　拔下洗涤泵插头

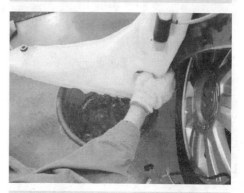

图 3-36　倒掉残留的风窗玻璃清洗液

④拆卸洗涤泵,取下风窗玻璃清洗液罐,如图 3-37、图 3-38 所示。

图 3-37　拆卸洗涤泵

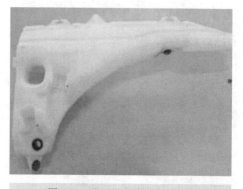

图 3-38　取下风窗玻璃清洗液罐

引导问题 11　对风窗玻璃清洗液的环境保护和安全措施有哪些?

汽车风窗玻璃清洗液俗称玻璃水,属于汽车使用中的易耗品。其主要成分由水、酒精、乙二醇、缓蚀剂及多种表面活性剂组成。优质的风窗玻璃清洗液是由去离子水加各类环保添加剂制成的，具有去污、防冻、抗静电、防腐蚀等功能。有些更好的优质风窗玻璃清洗液，还带有快速融雪、融冰，以及防炫光、防雾气等性能，对提高驾车安全有着重大的作用。而劣质的风窗玻璃清洗液多数是用水和酒精等兑而成，不仅损害汽车漆面光泽度、橡胶条的硬度，严重的还会引起橡胶件或其他塑料件产生色差、胀溶等。而风窗玻璃清洗液在清洗完玻璃后，会流到空调进风口附近，风窗玻璃清洗液挥发的气味也会沿着汽车空调的通风管道进入到驾驶室内。劣质的风窗玻璃清洗液挥发的气体是有害的，会成为危害车主健康的隐形杀手。

环境保护措施：如发生风窗玻璃清洗液泄漏，立即围堵，防止渗入地表水和地下水，以及地面渗透；不得未经稀释将风窗玻璃清洗液倒入下水道。

安全防范措施：远离火源，不得吸烟；遵守标签指示和使用说明；根据操作说明采用合适的工作方法；保证通风良好；采取措施防止产生静电电荷；避免眼睛接触风窗玻璃清洗液；避免吸入风窗玻璃清洗液。

引导问题 12 怎样判别驱动器的好坏？

风窗玻璃清洗装置出现不喷水或工作不良，可能的原因主要有：风窗玻璃清洗液罐破裂或已无玻璃清洗液、熔断丝已熔断或相关电路出现故障、喷水管路或喷嘴堵塞、洗涤泵故障、清洗开关失效。

检查时，首先查看风窗玻璃清洗液罐中是否存有清洗液，没有则应该仔细检查清洗液罐是否破裂，若无破损则添加适量的清洗液，否则按上述步骤进行更换并重新添加清洗液。其次，查看喷水管路是否被夹、堵塞或洗涤喷嘴堵塞。再次，检查相关熔断丝及电路是否出现故障，若熔断丝熔断则更换相同规格的熔断丝，若电路出现故障则应参照维修手册上的电路图来排除；当洗涤泵出现堵塞或电动机故障时，应进行疏通或更换。最后，检查清洗开关是否失效。

引导问题 13 怎样规范地安装前风窗玻璃清洗液罐？

（1）将洗涤泵安装在新前风窗玻璃清洗液罐上，按线路走势固定导线并插上洗涤泵的插头。

（2）安装风窗玻璃清洗液罐。

①将风窗玻璃清洗液罐的侧端与车身上的方形卡环对准（图3-39），安装牢靠。

②将风窗玻璃清洗液罐的上端安装孔与车身上的簧片螺母对准（图3-40），用凸缘螺栓将其安装牢靠。

③将风窗玻璃清洗液罐的下端安装孔与车身上的簧片螺母对准（图3-41），用凸缘螺栓将其安装牢靠。

图3-39　对准方形卡环并安装牢靠

学习任务三 风窗玻璃清洗液罐的更换

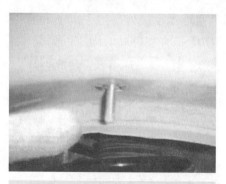
图3-40 对准簧片螺母用凸缘螺栓拧紧

图3-41 对准簧片螺母凸缘螺栓拧紧

小提示

为了方便安装,可将加液管的端口处涂抹肥皂水,如图3-42所示。

（3）安装加液管。
（4）安装挡水板。
（5）倒入风窗玻璃清洗液至标准刻度。
（6）打开电源开关,测试喷水情况,如图3-43所示。

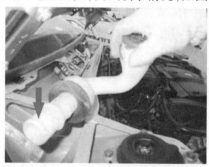
图3-42 在此处涂抹肥皂水

图3-43 测试喷水情况

（7）测试无误后,接上前侧转向灯插头并将其安装牢靠,如图3-44、图3-45所示。

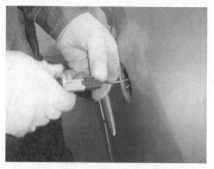
图3-44 接上前侧转向灯插头

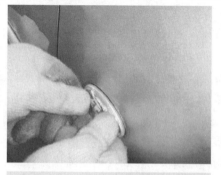
图3-45 装好前侧转向灯

(8)安装前挡泥板。

(9)将车辆升至适当高度,安装前挡水板。

(10)降下车辆,安装前围盖板,小心地将前风窗饰条装好,如图3-46所示。

(11)安装前刮水臂总成。

(12)清理工具,清洁工位,如图3-47所示。

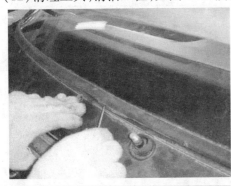

图3-46 安装好前围盖板

图3-47 清洁工位

小 提 示

良好的工作环境能使人们感到愉悦,也有利于安全操作和提高工作效率。

三、评价与反馈

1. 对本学习任务进行评价,见表3-1。

评 分 表   表3-1

考核项目	评分标准	分 数	学生自评	小组评价	教师评价	小 计
团队合作	是否和谐	5				
活动参与	是否积极主动	5				
任务方案	是否正确、合理	15				
安全生产	有无安全隐患	10				
操作过程	(1)是否做了作业前的准备工作; (2)风窗清洗装置的故障检测工艺流程是否正确; (3)风窗玻璃清洗液罐的拆卸过程是否规范; (4)风窗玻璃清洗液罐的安装过程是否规范	30				

学习任务三 风窗玻璃清洗液罐的更换

续上表

考核项目	评分标准	分 数	学生自评	小组评价	教师评价	小 计
任务完成情况	是否圆满完成	5				
工具使用情况	是否规范标准	10				
劳动纪律	是否能严格遵守	5				
现场5S管理	是否做到	10				
工单填写	是否完整、规范	5				
总 分		100				
教师签名：				年 月 日		得分：

2. 能否向车主解释故障诊断及排除的过程？如不能，分析原因并提出改进措施。

四、学 习 拓 展

1. 查阅资料，了解东风雪铁龙世嘉车型风窗玻璃清洗装置的基本构造和更换方法。

2. 查阅资料，了解东风雪铁龙 C5 车型自动风窗玻璃清洗装置的工作原理及更换方法。

学习任务四

后视镜的更换

学习目标

完成本学习任务后,你应当能:
1. 叙述后视镜的作用及其分类;
2. 识别外后视镜的组成零部件;
3. 读懂给定的电动外后视镜故障检测工艺流程,并对测试结果进行分析;
4. 正确使用拆装工具;
5. 根据车身维修手册,安全规范地拆装外后视镜。

 建议完成本学习任务的时间为 **9 课时**。

 学习任务描述

一辆 2010 款爱丽舍 1.6L 轿车,车主反映:左外后视镜总成被后方车辆不慎刮坏。需要你对此现象进行评估并维修。

 学习内容

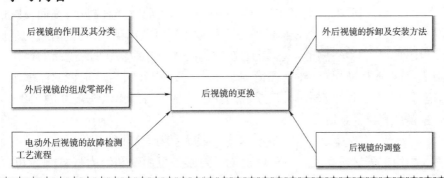

学习任务四 后视镜的更换

一、资料收集

引导问题 1 后视镜的作用是什么?

汽车后视镜能反映汽车后方、侧方和下方的情况,使驾驶人可以间接看清楚这些位置的情况,它起着"第二只眼睛"的作用,扩大了驾驶人的视野范围。

汽车后视镜属于重要安全件,它的镜面、外形和操纵都颇有讲究。后视镜的质量及安装都有相应的行业标准,不能随意更改。

引导问题 2 后视镜是如何分类的?

后视镜以安装位置划分,分为外后视镜、下后视镜和内后视镜。以用途划分,外后视镜反映汽车后侧方情况,下后视镜反映汽车前下方情况,内后视镜反映汽车后方及车内情况。以驱动方式划分,分为手动后视镜和电动后视镜。

用途不一样,镜面结构也会有所不同。一般后视镜镜面主要有两种:一种是平面镜,顾名思义镜面是平的,用术语表述就是"表面曲率半径 R 无穷大",这与一般家庭用镜一样,可得到与目视大小相同的映像,这种平面镜常用做内后视镜;另一种是凸面镜,镜面呈球面状,具有大小不同的曲率半径,它的映像比目视小,但视野范围广,好像照相机"广角镜"的作用,这种凸面镜常用做外后视镜和下后视镜。

大型客车和大型货车一般装配外后视镜、下后视镜和内后视镜,而轿车及其他轻型乘用车一般只装配外后视镜和内后视镜。

引导问题 3 后视镜的主要特点及影响因素有哪些?

后视镜有一个视界的问题,也就是指镜面所能够反映到的范围。业界有视界三要素的说法,即驾驶人眼睛与后视镜的距离;后视镜的尺寸大小;后视镜的曲率半径。这三要素之间具有一定的关系,当后视的距离和尺寸相同时,镜面的曲率半径越小,镜面反映的视野就越大。但事物总有两重性,虽然镜面的曲率半径越小视野范围越大,但同时镜面反映的物体变形程度也越大,与真实距离也越远,往往造成驾驶人的错觉。因此,镜面的曲率半径就有一个限制范围,行业标准规定:外后视镜的曲率半径为 $R1200$,内后视镜的曲率半径为无限大(平面镜)。由于行业规定轿车外后视镜的安装位置不得超出汽车最外侧 250mm,所以原车配的后视镜会有盲区。

同时,后视镜也有一个反射率指标。反射率越大,镜面反映的图像越清晰。反射率的大小与镜内表面反射膜材料有关。汽车后视镜反射膜一般用银和铝为材料,它们的最小反射率为 80%。高反射率在一些场合会有副作用,例如夜间行车在后面汽车前照灯的照射下,经内后视镜的反射会使驾驶人产生炫目感,影响行车安全。因此内后视镜一般采用棱形镜,虽然镜面也是平的,但其截面形状是棱形,它利用棱形镜的表面反射率与里面反射率不一样的特点,达到无炫目的要求。白天采用反射率为80%的银质或铝质里面反射膜,晚上则用反射率只有4%左右的表面玻璃。为此,晚上只需略为将白天位置的内后视镜转动一下角度就行了。目前有一种自动变色(Auto-Dimming)的内后视镜,它的电子感光检测器能自动分辨外界的自然光和强加光源,通过电流变化在几秒内调节镜内的液晶材料,从无色变到有色以调节内后视镜的反射率,从而解决炫目问题。

驾驶人眼睛与后视镜的距离,也就是后视镜的安装位置,直接影响到后视镜的视界、清晰程度和汽车轮廓尺寸,对行车安全很重要。因此,后视镜的安装位置要求达到行业标准的视界要求;后视镜应尽可能靠近驾驶人的眼睛,应方便驾驶人观察,头部及眼球转动尽量小;后视镜应安装在车身上下振动最小的位置上。以现在的轿车为例,外后视镜主要装配在前车门上,控制方式有电动式和手动式。电动式外后视镜的镜片后面装有驱动机构,它由小型可逆式直流电动机、减速齿轮、电磁离合器组成,驾驶人在车内控制开关对外后视镜进行上下、左右调整,调整范围30°以内,并可以折叠。手动式外后视镜多采用线缆驱动—杠杆式,驾驶人在驾驶座上摆动车门上相应的小手柄,即可上下、左右调整镜面角度,这种手动后视镜的结构比较简单,一般装配在经济型轿车上。

引导问题4　外后视镜是由哪些零部件组成的?

2010款爱丽舍轿车外后视镜安装在前车门上,由3个自攻螺钉固定,其组成零部件如图4-1所示。

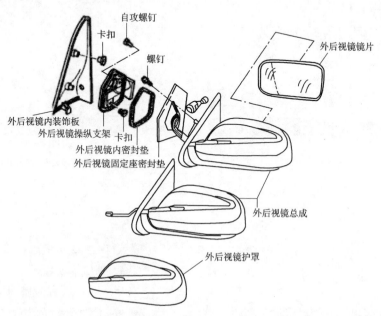

图4-1　外后视镜结构示意图

学习任务四　后视镜的更换

引导问题5　后视镜应该如何正确调整？

2010 款爱丽舍轿车电动外后视镜的调整方法：首先在左前门扶手处的开关总成位置选择要调整的后视镜（图4-2），图4-2 中①为驾驶人侧后视镜，图4-2 中②为乘客侧后视镜；然后通过调节按钮Ⓐ可在四个方向上调整外后视镜的观察方向及角度。调整完毕后，应将选择键置于中间位置。

电动外后视镜的使用必须在接通电源的情况下进行。为了保障行车安全，在汽车行驶时不要调整外后视镜，以防误操作造成事故的产生。另外，为了节约停车空间，方便其他车辆顺利通过，驻车后最好将左、右外后视镜向后折叠，如图4-3 所示。

左侧后视镜调整要领：把水平线置于后视镜的中线位置，然后再把车身的边缘调到占据镜面影像的1/4，如图4-4 所示。

右侧后视镜调整要领：把水平线置于后视镜的2/3 位置，然后再把车身的边缘调到占据镜面影像的1/4，如图4-5 所示。

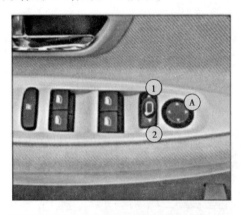

图4-2　外后视镜调节按钮的位置

图4-3　外后视镜向后折叠

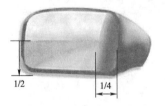

图4-4　左侧后视镜的调整

图4-5　右侧后视镜的调整

外后视镜因为长期暴露在外,很容易粘到空气中的油污,用一般的面纸擦拭,总是力有未逮,一遇到雨水,还是模糊不清。牙膏是很好的后视镜清洁剂,用淘汰的牙刷沾一点牙膏,由中心向外画圆方式把镜面刷均匀,再用清水洗净即可。牙膏本身除了具有清洁效果外,也是很细致的研磨剂,可以把左、右后视镜上的油污、顽垢清除干净。即使遇到雨水,水滴也会结成球状而快速排除,不会粘在镜面成一片,妨碍驾车安全。

2010 款爱丽舍轿车中央后视镜的拆卸比较简单,只需将其从底座上脱开即可,如图 4-6、图 4-7 所示。

图 4-6 双手握住中央后视镜向上拔

图 4-7 取下中央后视镜

中央后视镜调整要领:左、右位置调整到镜面的左侧边缘正好切至自己在镜中影像的右耳际,这表示,在一般的驾驶情况下,从中央后视镜里是看不到自己的,而上、下位置则是把远处的地平线置于镜面中央即可,如图 4-8 所示。

图 4-8 中央后视镜的调整

 2010 款爱丽舍轿车中央后视镜通过球关节调整视角,在其下部有一个调节手柄,可使后视镜置于白天/夜间两个位置,防止晚上开车时后面车辆灯光反射炫目,如图 4-9、图 4-10 所示。

引导问题 6 电动外后视镜的故障检测工艺过程是怎样的?

2010 款爱丽舍轿车,电动外后视镜出现无法调节故障,应按照规定的检测工艺流程进行故障分析,如图 4-11 所示。

学习任务四　后视镜的更换

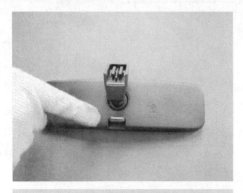

图4-9　中央后视镜处于白天位置

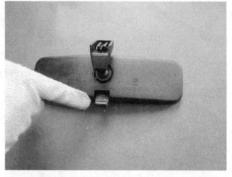

图4-10　中央后视镜处于夜间防炫目位置

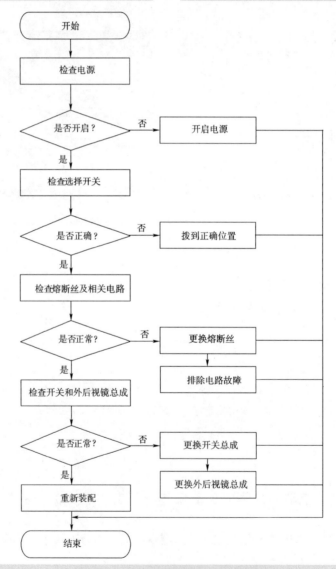

图4-11　电动外后视镜故障检测工艺流程

二、实 施 作 业

引导问题 7 作业需要哪些工具、设备和材料？

（1）裁纸刀、T20 螺丝刀、小规格一字螺丝刀、塑料卡扣拆卸器，如图 4-12 所示。

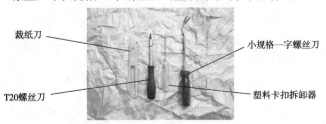

图 4-12 拆装工具

（2）脚垫、转向盘套、座椅套、变速杆手柄套、驻车制动器操纵杆套、干净抹布。
（3）后视镜、卡扣等。
（4）爱丽舍轿车车身维修手册。

引导问题 8 通过查询和查找（图 4-13），认真填写以下信息。

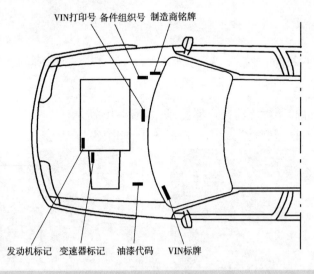

图 4-13 2010 款爱丽舍轿车各标识位置

生产年份_____，车牌号码_____，行驶里程_____，发动机型号及排量_____，备件组织号_____，油漆代码_____，车辆识别代码（VIN）_____。

学习任务四　后视镜的更换

引导问题9　作业前的准备工作有哪些?

(1)车辆进入修理工位前,将工位清理干净,准备好相关的工具和材料(图1-14)。
(2)将车辆停驻在修理工位上。
(3)将变速杆置于空挡或驻车挡(P挡);拉起驻车制动器操纵杆(图1-16、图1-17)。
(4)套上转向盘套、座椅套、变速杆手柄套、驻车制动器操纵杆套,铺设脚垫(图1-18~图1-22)。
(5)个人防护:操作前应做好个人防护工作(图1-30~图1-38)。

引导问题10　怎样规范地拆卸外后视镜?

(1)拆卸内手柄护罩和外后视镜内装饰罩。
①用塑料卡扣拆卸器拆下内手柄护罩时,应从上边缘处慢慢撬起,如图4-14所示。
②用塑料卡扣拆卸器拆下外后视镜内装饰罩,如图4-15所示。

图4-14　拆卸内手柄护罩

图4-15　拆卸外后视镜内装饰罩

(2)拆卸前扬声器。
①用塑料卡扣拆卸器拆下前扬声器护罩,如图4-16所示。
②用T20螺丝刀拆卸前扬声器固定螺钉3个,如图4-17所示。

图4-16　拆下前扬声器护罩

图4-17　拆卸前扬声器固定螺钉

③用小规格一字螺丝刀小心地取下圆形卡环,注意别折断定位卡,如图4-18所示。
④断开扬声器插头,取下扬声器,如图4-19所示。

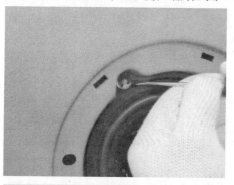

图4-18 取下圆形卡环

图4-19 取下扬声器

(3)拆卸拉手盒。
①用T20螺丝刀拆卸拉手盒固定螺钉,如图4-20所示。
②从右边开始慢慢撬起拉手盒,如图4-21所示。

图4-20 拆卸拉手盒固定螺钉

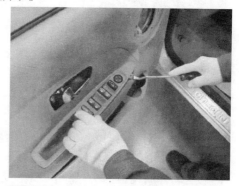

图4-21 撬起拉手盒

③用手向上慢慢抠开拉手盒,如图4-22所示。
④松开拉手盒时,要注意别把倒卡给折断了,如图4-23所示。

图4-22 抠开拉手盒

图4-23 松开拉手盒

图4-24 取下拉手盒

⑤断开开关插头,取下拉手盒,如图4-24所示。

(4)拆卸车门内饰板。

①用T20螺丝刀拆卸车门内饰板固定螺钉,如图4-25所示。

②用塑料卡扣拆卸器撬开车门内饰板时,应从左下角开始,对准卡扣依次慢慢撬起,如图4-26所示。

③向上稍加用力慢慢提起车门内饰板,使之与窗台内密封条脱开,取下车门内饰板,如图4-27所示。

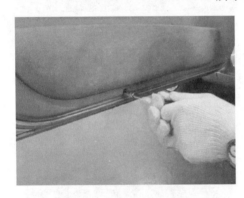

图4-25 拆卸车门内饰板固定螺钉

图4-26 从左下角撬开内饰板

(5)拆卸外后视镜总成。

①用裁纸刀小心地割开防水帘,注意不要划到油漆。

②断开电动外后视镜插头,如图4-28所示。

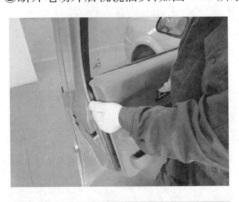

图4-27 取下车门内饰板

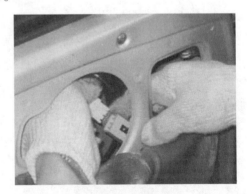

图4-28 断开电动外后视镜插头

③用T20螺丝刀拆下外后视镜固定螺钉共3个,取下外后视镜总成,如图4-29、图4-30所示。

(6)拆卸外后视镜护罩。

①用塑料卡扣拆卸器或一字螺丝刀从上部小心撬开外后视镜镜片并取下,如图4-31所示。

②用小规格一字螺丝刀分别撬开外后视镜护罩倒卡,如图4-32~图4-34所示。

图4-29　拆卸外后视镜固定螺钉

图4-30　取下外后视镜总成

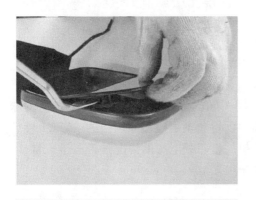

图4-31　取下外后视镜镜片

图4-32　撬开上部的倒卡

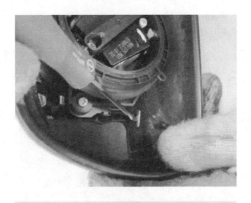

图4-33　撬开下部的倒卡

图4-34　撬开侧边的倒卡

③取下外后视镜护罩,如图4-35、图4-36所示。

学习任务四　后视镜的更换

图4-35　外后视镜内部结构

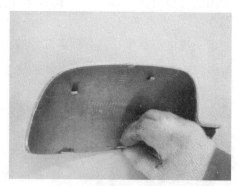

图4-36　取下外后视镜护罩

引导问题11　怎样正确排除电动外后视镜无法调节的故障?

当电动外后视镜无法调节时,可能的原因主要有:电源未开启,外后视镜选择按钮没有拨到正确的位置,熔断丝熔断以及相关电路出现故障,开关总成及外后视镜总成故障。排除故障时应按下列步骤依次进行:首先排除电源是否开启,电源开启时蓄电池充电指示灯应该点亮;接着查看外后视镜选择按钮是否处于中间关闭的位置,按照正确位置放置好;然后查看相关电路的熔断丝是否完好,如果发现熔断丝已熔断则更换相同规格的熔断丝;最后用万用表检查相关电路、开关总成及外后视镜电动机的电阻和电压的情况是否属于正常,若有异常,则更换开关总成及外后视镜总成或排除相关电路故障。

引导问题12　怎样规范安装外后视镜?

(1)将外后视镜折叠,按正确位置安装外后视镜护罩,注意对准孔槽。

(2)将外后视镜总成按正确安装位置放置好,紧固安装螺钉。

(3)将电动外后视镜线束按正确位置固定好,接上插头,如图4-37、图4-38所示。

(4)粘贴好防水帘,安装车门内饰板及相关附件。

(5)开启电源,测试电动外后视镜调节是否正常。

(6)清理工具,清洁工位,如图4-39所示。

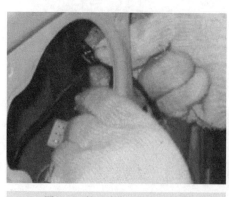

图4-37　按正确位置固定好线束

图 4-38 接上插头

图 4-39 清洁工位

小 提 示

良好的工作环境能使人们感到愉悦,也有利于安全操作和提高工作效率。

三、评价与反馈

1. 对本学习任务进行评价,见表 4-1。

评 分 表　　　　　　　　表 4-1

考核项目	评分标准	分　数	学生自评	小组评价	教师评价	小　计
团队合作	是否和谐	5				
活动参与	是否积极主动	5				
任务方案	是否正确、合理	15				
安全生产	有无安全隐患	10				
操作过程	(1)是否做了作业前的准备工作; (2)外后视镜的拆卸过程是否规范; (3)电动外后视镜故障检测工艺流程是否正确; (4)外后视镜的安装过程是否规范; (5)外后视镜的调整是否正确	30				
任务完成情况	是否圆满完成	5				
工具使用情况	是否规范标准	10				
劳动纪律	是否能严格遵守	5				
现场5S管理	是否做到	10				
工单填写	是否完整、规范	5				
总　　分		100				
教师签名:				年　月　日	得分:	

2. 能否向车主解释电动外后视镜故障的诊断及排除过程？如不能,分析原因并提出改进措施。

四、学习拓展

1. 查阅资料,了解东风雪铁龙世嘉车型外后视镜的基本构造和更换方法。

2. 查阅资料,了解东风雪铁龙 C5 旗舰车型外后视镜折叠功能的作用及原理。

学习任务五

车门锁的更换

学习目标

完成本学习任务后,你应当能:
1. 叙述车门锁的作用及其分类;
2. 识别车门锁体机构的组成零部件;
3. 熟悉卡板式车门锁的工作原理;
4. 读懂给定的检测工艺流程,并对测试结果进行分析;
5. 正确使用拆装工具;
6. 根据车身维修手册,安全规范地拆装车门锁。

 建议完成本学习任务的时间为 12 课时。

 学习任务描述

一辆 2010 款爱丽舍 1.6L 轿车,车主反映:车门经常锁不上。需要你对此现象进行检测,确定故障部位并维修。

 学习内容

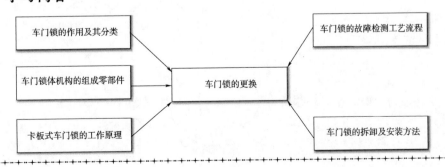

学习任务五　车门锁的更换

一、资料收集

引导问题 1　车门锁的作用是什么？车门锁是如何分类的？

1 车门锁的作用

车门锁是汽车车身重要的、使用最频繁的专用保安部件。它一方面直接关系到汽车行驶时乘客的安全，另一方面也是汽车的防盗安全装置，具体表现在以下几个方面：

（1）车门锁装置具有对车门的导向、定位和防振的能力。

（2）车门锁具有两个挡位的锁紧位置——全锁紧和半锁紧。半锁紧挡的作用是：汽车行驶中，当车门松动，一旦与工作位置脱开，半锁紧挡仍能起到使车门关闭的保险作用，由此产生的松旷声，或者专设的安全指示信号能及时提醒驾驶人或乘客注意安全，并将其重新锁闭。

为保证安全，车门锁还具有可靠的安全锁止机构，如按下锁止按钮或外手柄处于锁止状态时，扣动车门内、外手柄不能打开车门，在车外只有使用钥匙，或者在车内只有先拉起锁止按钮才能打开车门。

（3）汽车在高速行驶时，为防止儿童误开内手柄的意外事故发生，在后门锁内装有儿童安全锁止机构。当起动了儿童安全锁止机构后，后车门是无法从里面开启的。现在许多新车还配备了新车自动落锁功能，只要行车速度超过 10km/h，中控锁就会自动起动，将所有车门锁闭。主要是针对防止车外不法分子恶意开启车门来进行安全防范的，在某种情况下，也可以起到保护儿童的作用。

2 车门锁的分类

车门锁的种类很多，车门锁的分类如图 5-1 所示。

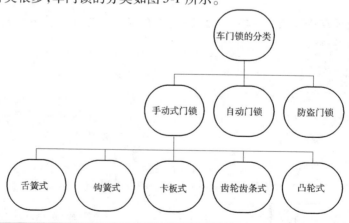

图 5-1　车门锁的分类

卡板式车门锁的特点:受力平稳、冲击性小;零件多为钢板冲压加工而成,结构紧凑、生产工艺性好、可靠性好、使用寿命长且维修方便、强度高、定位准;锁体结构也可用增强树脂制造,既轻巧、启闭噪声又低;适用范围很广。2010款爱丽舍轿车使用的就是这种类型的车门锁。

引导问题2 车门锁的安装位置在哪?

如图5-2所示,2010款爱丽舍轿车车门锁安装在车门的侧面,由3个内六芯沉头螺钉固定。

小提示

当后车门儿童安全锁闩处于底部位置时,从车内是无法打开后车门的。这时应先使中央门锁解锁后再从车外将门打开,该装置与电动中央门锁系统无关,如图5-3所示。

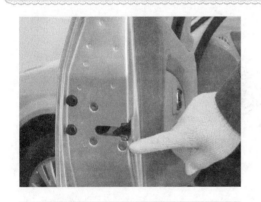

图5-2 前门锁的安装位置

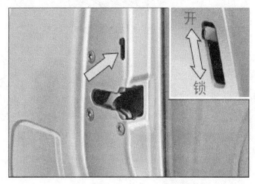

图5-3 后车门儿童安全锁闩的位置

引导问题3 车门锁的基本结构及工作原理是怎样的?

2010款爱丽舍轿车前门锁主要由锁块与驱动器组成,如图5-4、图5-5所示。

2010款爱丽舍轿车门锁机构包括车门锁块、锁扣及其操纵部件等,如图5-6所示。

工作时,利用锁体上的卡板和门锁扣的脱开或啮合来实现车门的开闭。当车门关闭时,固定在门框上的门锁扣与锁体上的卡板相碰撞,门锁扣推动卡板绕卡板主轴旋转,卡板弹簧被压缩,同时卡板的旋转带动棘爪转动,使棘爪弹簧被拉伸,呈锁定状态(图5-7a),在不扣动门内、外手柄时,车门始终处于关闭状态;当扣动门内或门外手柄时,外力推开棘爪,卡板与棘爪在各自弹簧恢复力作用下脱开,呈解锁状态(图5-7b)。锁门时,按下遥控器上的车门锁止键(或用车钥匙顺时针转动锁芯)时,中央门锁控制盒接收到锁门的信号后会进行解码,如果是正确的代码,就输入控制电路并使驱动器工作,从而带动连接装置断开与外拉手柄的连接,车门锁止。

图 5-4　前门锁块　　　　　　图 5-5　驱动器和前门锁块

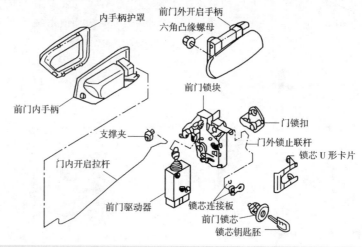

图 5-6　前门锁机构结构示意图

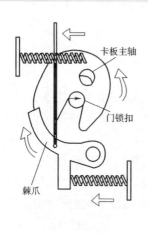 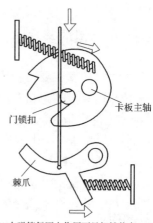

a) 卡板在车门关闭力作用下呈锁定状态　　b) 在弹簧复原力作用下呈解锁状态

图 5-7　车门锁工作原理图

引导问题4　车门锁的故障检测工艺过程是怎样的？

2010款爱丽舍轿车车门锁经常锁不上，说明门锁机构出现了故障，应按照规定的检测工艺流程进行故障分析，如图5-8所示。

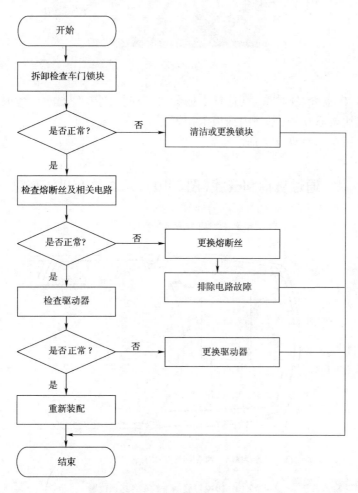

图5-8　车门锁故障的检测工艺流程

二、实施作业

引导问题5　作业需要哪些工具、设备和材料？

（1）T30螺丝刀、裁纸刀、塑料卡扣拆卸器、小规格一字螺丝刀、T20螺丝刀，如图5-9

所示。

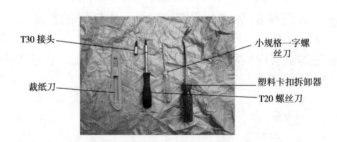

图5-9　拆装工具

（2）脚垫、转向盘套、座椅套、变速杆手柄套、驻车制动器操纵杆套、干净抹布。
（3）车门锁块或驱动器、车门内饰板卡扣等。
（4）爱丽舍轿车车身维修手册。

引导问题6　通过查询和查找（图5-10），认真填写以下信息。

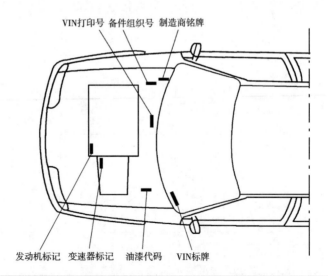

图5-10　2010款爱丽舍轿车各标识位置

生产年份_____，车牌号码_____，行驶里程_____，发动机型号及排量_____，备件组织号_____，油漆代码_____，车辆识别代码（VIN）_____。

引导问题7　作业前的准备工作有哪些？

（1）车辆进入修理工位前，将工位清理干净，准备好相关的工具和材料（图1-14）。
（2）将车辆停驻在修理工位上。

(3) 将变速杆置于空挡或驻车挡(P挡);拉起驻车制动器操纵杆(图1-16、图1-17)。

(4) 套上转向盘套、座椅套、变速杆手柄套、驻车制动器操纵杆套,铺设脚垫(图1-18~图1-22)。

(5) 个人防护:操作前应做好个人防护工作(图1-30~图1-38)。

引导问题8 怎样规范地拆卸检查车门锁?

(1) 拆卸内手柄护罩和外后视镜内装饰罩(图4-14、图4-15)。

(2) 拆卸前扬声器(图4-16~图4-19)。

(3) 拆卸拉手盒(图4-20~图4-24)。

(4) 拆卸车门内饰板(图4-25~图4-27)。

(5) 拆卸车门内手柄,割开防水帘。

① 用小规格一字螺丝刀挑起内手柄倒卡,如图5-11所示。

② 左手稍加用力向右拉,取下内拉手,如图5-12所示。

图5-11 挑起内手柄倒卡

图5-12 取下内拉手

③ 用裁纸刀小心地割开防水帘,注意不要划到油漆,如图5-13所示。

小 提 示

车门防水帘一般用的都是不干胶条,是以异丁橡胶为主要原料,配以其他高分子材料加工制成的一种终生不固化型自粘防水密封胶条,其特点是:指压贴合容易,与汽车内钢板和防水帘均有较好的粘接性,能长期保持黏弹性和密封性。同时具有优良的耐候性、耐老化性及防水性,对被粘物表面起到密封、减振、保护等作用。由于完全不含溶剂,因而终生不固化,可多次使用。

(6) 拆卸车门锁块与驱动器。

① 用塑料卡扣拆卸器慢慢撬动锁芯U形卡片,使之与锁芯彻底分离,取下锁芯U形卡片,如图5-14所示。

② 旋转锁芯,使之与门外锁止连杆分离,取下锁芯,如图5-15所示。

图5-13 小心地割开防水帘

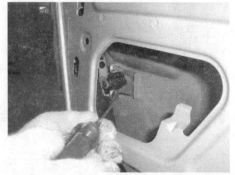

图5-14 取下锁芯U形卡片

③用T30螺丝刀拆卸3个内六芯螺钉，如图5-16所示。
④断开驱动器的插头，取出锁块，如图5-17所示。

图5-15 取下锁芯

图5-16 拆卸内六芯螺钉

⑤向右转动驱动器，使之与锁块卡槽分离，取下驱动器，如图5-18所示。

图5-17 取出锁块

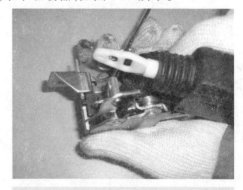

图5-18 取下驱动器

引导问题9 怎样正确排除车门锁故障？

检查前门锁的工作状况。据车主反映的情况可基本判断是卡板与棘爪弹簧的复位出现了故障。由于车辆使用环境的关系,灰尘和雨水的侵蚀使得锁块很容易被污染,再加上使用频率很高,容易造成卡板与棘爪的弹簧失效,使得锁止机构工作不良。一般来说,通过彻底清洁锁块、加注润滑油的方式,门锁锁不住的情况基本上可以解决,但如果是锁止机构出现了问题,则必须更换新的锁块。

驱动器出现不工作或工作不良,可能的原因主要有:相关电器接触不良、断路以及驱动电动机本身的故障。检查时应首先排除是否有电流通过驱动器,然后再排除驱动电动机本身的故障。

引导问题10　怎样规范地安装车门锁?

(1)将驱动器安装在新锁块上,插上驱动器的插头。

(2)将门外锁止连杆钩住锁芯连接板,旋转锁芯对准车门外板孔,装好锁芯,用锁芯U形卡片将锁芯固定牢靠,如图5-19所示。

(3)拧紧锁块固定螺钉,如图5-20所示。

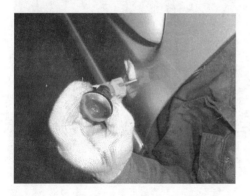
图5-19　安装锁芯

图5-20　拧紧锁块固定螺钉

(4)将门内开启拉杆卡在车门内板上,钩住内手柄连接板,如图5-21所示。

(5)将门内开启拉杆脱开车门内板,装好内拉手,如图5-22所示。

图5-21　开启拉杆卡在车门内板上

图5-22　开启拉杆脱开车门内板

(6)按原位置粘贴好防水帘并装好窗台内密封条,如图5-23所示。

（7）将车门内饰板上端与窗台内密封条对接好，向下稍加用力拍紧，如图5-24所示。

图5-23 安装窗台内密封条

图5-24 对接窗台内密封条

（8）将内饰板卡扣对准车门上的孔，然后拍打门内饰板使之固定牢靠，如图5-25所示。

（9）接上控制开关插头，安装好拉手盒，如图5-26所示。

图5-25 固定车门内饰板

图5-26 安装拉手盒

（10）安装好内拉手护罩和外后视镜内装饰罩。

（11）检查车门锁故障是否已排除，如图5-27所示。

（12）清理工具，清洁工位，如图5-28所示。

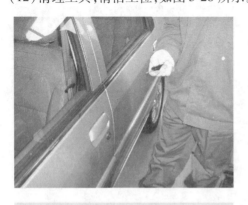

图5-27 测试车门锁

图5-28 清洁工位

小 提 示

良好的工作环境能使人们感到愉悦,也有利于安全操作和提高工作效率。

三、评价与反馈

1. 对本学习任务进行评价,见表5-1。

评 分 表　　　　　　　　　　　　　　　表5-1

考核项目	评分标准	分　数	学生自评	小组评价	教师评价	小　计
团队合作	是否和谐	5				
活动参与	是否积极主动	5				
任务方案	是否正确、合理	15				
安全生产	有无安全隐患	10				
操作过程	(1)是否做了作业前的准备工作; (2)车门锁的拆卸过程是否规范; (3)车门锁故障检测工艺流程是否正确; (4)车门锁的安装过程是否规范	30				
任务完成情况	是否圆满完成	5				
工具使用情况	是否规范标准	10				
劳动纪律	是否能严格遵守	5				
现场5S管理	是否做到	10				
工单填写	是否完整、规范	5				
总　　分		100				
教师签名:			年　　月　　日		得分:	

2. 能否向车主解释故障诊断及排除的过程?如不能,分析原因并提出改进措施。

四、学习拓展

1. 查阅资料,了解东风雪铁龙世嘉车型门锁的基本构造和更换方法。

2. 查阅资料,了解东风雪铁龙原厂加装防盗遥控器的接线原理及安装方法。

学习任务六

全车锁芯的更换

学习目标

完成本学习任务后,你应当能:
1. 叙述点火锁的作用;
2. 识别全车锁芯的组成零部件;
3. 熟悉点火锁的工作原理;
4. 掌握车门锁弹子的匹配方法;
5. 正确使用拆装工具;
6. 根据车身维修手册,安全规范地拆装全车锁芯。

 建议完成本学习任务的时间为 **12** 课时。

 学习任务描述

一辆 2010 款爱丽舍 1.6L 轿车,车主反映:因不慎将车钥匙弄丢了一把,担心车辆被盗,十分着急。需要你对此现象进行评估并维修。

 学习内容

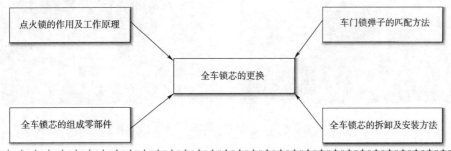

一、资料收集

引导问题1 点火锁的作用是什么？其工作原理是怎样的？

从世界上第一辆T型福特轿车被盗开始，偷车已成为现今城市里最常见的犯罪行为之一。随着汽车数量的增多，车辆被盗的数量也逐年上升，这给社会带来极大的不安定因素，担心车辆被盗，成为困扰每一位汽车用户的难题。

点火锁又称点火开关，是一个多挡开关，需用相应的钥匙才能对其进行操纵。点火锁通常用于转向盘的锁止以及控制点火电路、仪表电路、发动机励磁电路、起动电路及辅助电气电路等。

2010款爱丽舍轿车采用的是电子钥匙式防盗系统，它由电子编码发射器、读写线圈、防盗ECU及密码防盗起动指示灯等部分组成。其中防盗ECU是防盗系统的核心，它连接着车上电控单元（ECU）之间的数字信号，进行钥匙认证工作。当钥匙插入点火锁锁孔内，隐藏在钥匙柄中的电子编码发射器就会发出密码信号，通过密码线圈与防盗ECU进行双向通信，防盗ECU的鉴别电路对密码进行对比运算，同时它还与发动机管理系统的电控单元（ECU）进行密码识别，只有两部分密码都"确认无误"，防盗ECU的电路才会输出电信号，允许电控单元（ECU）进行下一步动作，使发动机顺利起动。

引导问题2 全车锁芯的安装位置在哪？

2010款爱丽舍轿车车门锁锁芯安装在车门正面的外开启手柄下方；油箱锁锁芯安装在右后翼子板燃油加注管上；杂物盒锁锁芯安装在副仪表板上；点火锁锁芯安装在转向盘下部的转向机上，如图6-1～图6-4所示。

图6-1 车门锁锁芯的安装位置

图6-2 油箱锁锁芯的安装位置

图6-3 杂物盒锁锁芯的安装位置

图6-4 点火锁锁芯的安装位置

引导问题3 全车锁芯的基本构成是怎样的？

如图6-5所示，2010款爱丽舍轿车全车锁芯包括车门锁锁芯、油箱锁锁芯、副仪表杂物盒锁锁芯及点火锁锁芯等。

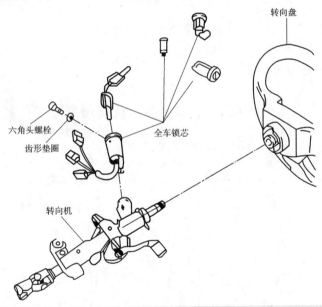
图6-5 全车锁芯结构示意图

二、实 施 作 业

引导问题4 作业需要哪些工具、设备和材料？

（1）钢丝钳、T20 螺丝刀、钣金锤、小规格一字螺丝刀、T20 弯头、塑料件拆卸专用工具、车门锁芯拆卸专用工具,如图6-6、图6-7所示。

图6-6 拆装工具

图6-7 拆卸专用工具

(2)脚垫、转向盘套、座椅套、变速杆手柄套、驻车制动器操纵杆套、干净抹布。
(3)全车锁芯、扎带等。
(4)爱丽舍轿车车身维修手册。

引导问题5 通过查询和查找(图6-8),认真填写以下信息。

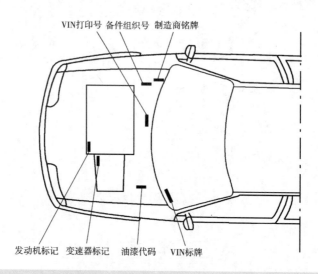

图6-8 2010款爱丽舍轿车各标识位置

生产年份_____,车牌号码_____,行驶里程_____,发动机型号及排量_____,备件组织号_____,油漆代码_____,车辆识别代码(VIN)_____。

引导问题 6　作业前的准备工作有哪些？

（1）车辆进入修理工位前，将工位清理干净，准备好相关的工具和材料（图 1-14）。

（2）将车辆停驻在修理工位上。

（3）将变速杆置于空挡或驻车挡（P 挡）；拉起驻车制动器操纵杆（图 1-16、图 1-17）。

（4）套上转向盘套、座椅套、变速杆手柄套、驻车制动器操纵杆套，铺设脚垫（图 1-18 ~ 图 1-22）。

（5）个人防护：操作前应做好个人防护工作（图 1-30 ~ 图 1-38）。

引导问题 7　怎样规范地拆卸全车锁芯？

根据车主反映的情况来看，解决车钥匙丢失的问题，可以给出两个方案：一是更换一把新钥匙并重新进行密码匹配；二是更换全车锁芯并重新进行密码匹配。就最大安全保障来说，更换全车锁芯是最好的解决办法。

（1）拆卸车门锁锁芯。

①用小规格一字螺丝刀拆下车门上橡胶堵塞，如图 6-9 所示。

②将锁芯拆卸专用工具顺时针旋进锁芯 U 形卡片上的插孔内，如图 6-10 所示。

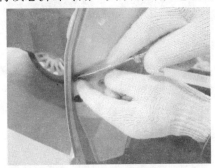

图 6-9　拆下橡胶堵塞

图 6-10　安装锁芯拆卸专用工具

③用手握住把柄，均匀用力向前推，将锁芯 U 形卡片与车门脱开，如图 6-11 所示。

④取下车门锁芯，如图 6-12 所示。

图 6-11　脱开锁芯 U 形卡片

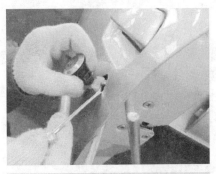

图 6-12　取下车门锁芯

(2)拆卸副仪表板杂物盒锁锁芯。

①用塑料件拆卸专用工具撬开杂物盒装饰条固定卡扣,取下杂物盒装饰条,如图6-13、图6-14所示。

图6-13 撬开固定卡扣

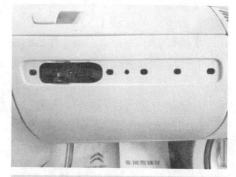

图6-14 取下杂物盒装饰条

②用小规格一字螺丝刀撬开锁芯卡夹,如图6-15所示。

③将钥匙插入锁芯,按压锁芯另一端,使其退出杂物盒装饰条。如图6-16所示。

④取下锁芯弹簧卡环,如图6-17所示。

图6-15 撬开锁芯卡夹

图6-16 取下杂物盒锁锁芯

(3)拆卸油箱锁锁芯。

①抠开油箱盖板,用车钥匙逆时针旋开油箱锁,如图6-18、图6-19所示。

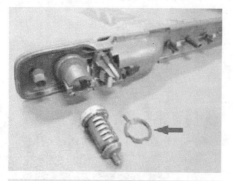

图6-17 取下锁芯弹簧卡环

图6-18 抠开油箱盖板

小 提 示

由于汽油是极易挥发的液体,为防止汽油分子散发到空气中遇火星发生危险,一方面要严禁烟火,另一方面可用湿布堵住燃油加注口,如图6-20所示。

图6-19 取下油箱锁

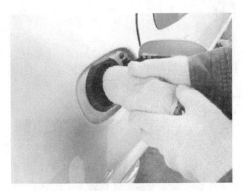

图6-20 用湿布堵住燃油加注口

②用小规格一字螺丝刀撬开油箱锁盖,如图6-21所示。

③将油箱锁体放在抹布或橡胶垫上,用小规模一字螺丝刀和小锤将锁头处的销子冲出,如图6-22所示。

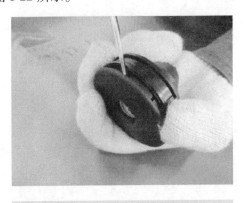

图6-21 撬开油箱锁盖

图6-22 将锁头处的销子冲出

④用钢丝钳将销子取下,使锁头盖与锁头分离,如图6-23、图6-24所示。

⑤双手握住锁体,用大拇指将锁芯总成推出,取下油箱锁锁芯总成,如图6-25、图6-26所示。

⑥用小规格一字螺丝刀取下锁头密封圈,如图6-27所示。

⑦用小规格一字螺丝刀撬开锁芯止推卡,同时用另一只手推出锁芯,如图6-28所示。

⑧将车钥匙插入锁芯内,取出锁芯,如图6-29所示。

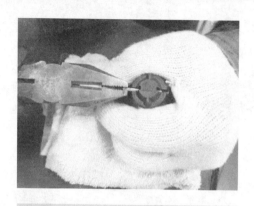
图6-23 取下销子

图6-24 取下锁头盖

图6-25 推出锁芯总成

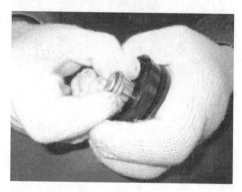
图6-26 取下油箱锁锁芯总成

图6-27 取下密封圈

图6-28 推出锁芯

(4)拆卸点火锁。
①将左前座椅向后移至极限,以便腾出操作空间,如图6-30所示。
②用T20 螺丝刀拆卸转向柱护罩固定螺钉3 个,如图6-31~图6-33所示。
③将转向盘调节手柄向下推到底,松开锁止,如图6-34所示。

汽车车身维修技术

学习任务六

全车锁芯的更换

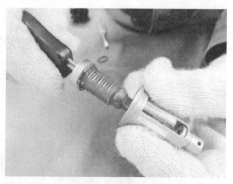
图6-29 取出锁芯

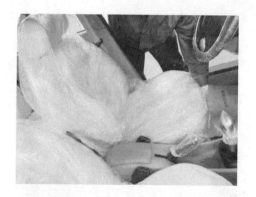
图6-30 将座椅向后移至极限

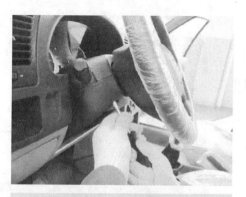
图6-31 拆卸左固定螺钉

图6-32 拆卸右固定螺钉

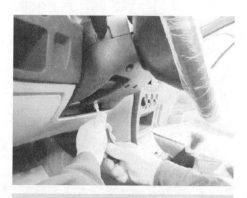
图6-33 拆卸下固定螺钉

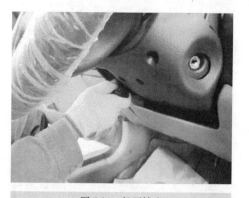
图6-34 松开锁止

小 提 示

由于转向盘的高度是可以上下调节的，在装好转向柱护罩后注意按驾驶人的操作习惯位置调整好转向盘的高度。

89

④取下转向柱上、下护罩,如图6-35、图6-36所示。

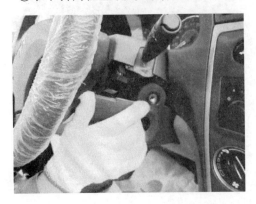

图6-35 取下转向柱下护罩

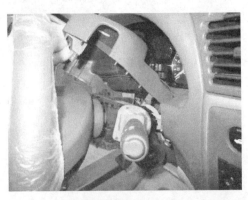

图6-36 取下转向柱上护罩

⑤用小规格一字螺丝刀小心地撬开点火锁护罩止推卡,取下点火锁护罩,如图6-37所示。

⑥用塑料卡扣拆卸器撬开点火锁线束固定卡扣,如图6-38、图6-39所示。

⑦用T20弯头拆下点火锁固定沉头螺钉,如图6-40、图6-41所示。

⑧断开点火锁线束插头,将车钥匙插入锁孔内并向右转到A挡和M挡的1/2处,如图6-42、图6-43所示。

图6-37 撬开点火锁护罩止推卡

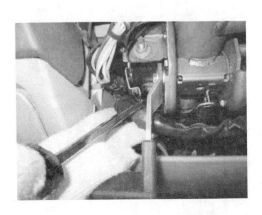

图6-38 撬开点火锁线束左端固定卡扣

图6-39 撬开点火锁线束右端固定卡扣

⑨用小规格一字螺丝刀按压点火锁止推卡,同时用另一只手拔出点火锁,如图6-44所示。

⑩分别将插头退出转向柱,取下点火锁,如图6-45所示。

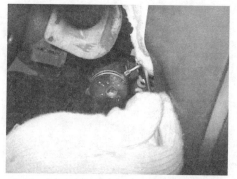

图 6-40 拆下点火锁上固定沉头螺钉

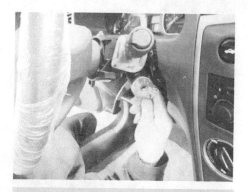

图 6-41 拆下点火锁下固定沉头螺钉

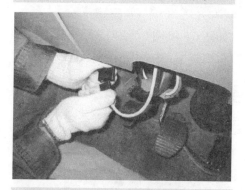

图 6-42 断开点火锁线束插头

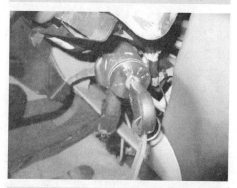

图 6-43 将钥匙转到 A 挡和 M 挡的 1/2 处

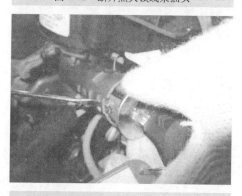

图 6-44 按压止推卡并拔出点火锁

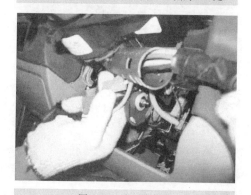

图 6-45 取下点火锁

引导问题 8 如何正确匹配车门锁弹子？

由于车钥匙使用频率高，极易导致锁弹子磨损，使得用车钥匙开、锁门时会变得很困难，甚至无法开、锁门。所以除了做好锁芯维护工作外，针对磨损较严重的锁弹子，应该选择更换。其方法如下：

（1）用小规格一字螺丝刀小心撬开锁弹子护罩，注意锁弹子弹簧会随时弹出，如图 6-46 所示。

学习任务六　全车锁芯的更换

（2）小心取下锁弹子弹簧，如图6-47所示。

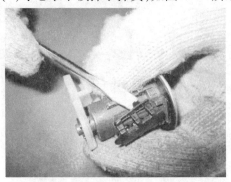

图6-46　小心撬开锁弹子护罩

图6-47　取下锁弹子弹簧

（3）依次取下锁弹子，并按相应位置放置好，如图6-48、图6-49所示。

（4）根据锁弹子的长度来正确选择相匹配的新锁弹子，并按相反的顺序安装到位。

图6-48　依次取下锁弹子

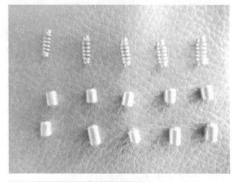

图6-49　按相应位置放置锁弹子

　小　提　示

取下锁弹子时一定要按顺序依次进行并按相应的位置放好，否则，装配完新锁弹子后，车钥匙将无法旋转锁芯或者根本无法插入。这是因为车钥匙上的每个齿都有对应的锁弹子相匹配。若实在不清楚各个锁弹子的安装顺序时，可根据车钥匙上的各个齿形的高度来选择相对应的锁弹子，如图6-50所示。

（5）将车钥匙插入锁孔内来回转动锁芯，测试锁弹子的匹配是否正确，如图6-51所示。

引导问题9　怎样规范地安装全车锁芯？

（1）安装车门锁锁芯。

①将门外锁止连杆钩住锁芯连接板，旋转锁芯对准车门外板孔，装好锁芯，如图6-52所示。

②左手压住新车门锁锁芯,右手握住专用工具均匀用力将锁芯 U 形卡片紧贴车门卡住锁芯,如图6-53 所示。

图6-50 按齿形的高度选择相对应的锁弹子

图6-51 测试锁弹子的匹配是否正确

图6-52 钩住新锁芯

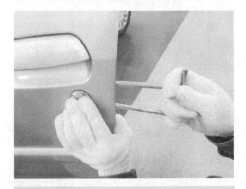

图6-53 紧压锁芯并卡住锁芯

③逆时针旋下车门锁锁芯专用工具,装好橡胶堵塞,如图6-54、图6-55 所示。

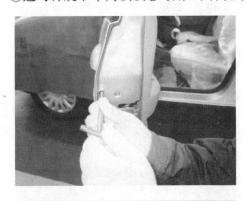

图6-54 旋下车门锁锁芯专用工具

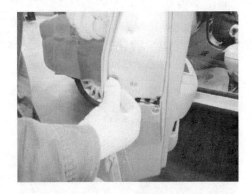

图6-55 装好橡胶堵塞

④测试车门锁锁芯的安装是否正确、牢靠,如图6-56 所示。

(2)安装副仪表板杂物盒锁锁芯。

①将弹簧卡环按方向装入到杂物盒装饰条上,如图6-57 所示。

②将车钥匙插入新锁芯内,按方向装到杂物盒装饰条上并将其安装牢靠,如图6-58

所示。

③将杂物盒装饰条对准副仪表板上的安装位置将其装配牢靠,如图6-59所示。

图6-56 测试车门锁锁芯

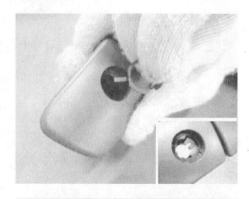

图6-57 按方向装好弹簧卡环

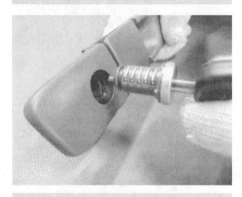

图6-58 安装新锁芯

图6-59 装好杂物盒装饰条

④测试杂物盒锁锁芯的安装是否正确、牢靠,如图6-60所示。

(3)安装油箱锁锁芯。

①将新锁芯和锁头装配牢靠,如图6-61所示。

图6-60 测试杂物盒锁锁芯

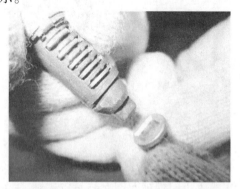

图6-61 将锁芯和锁头装配牢靠

②将车钥匙插入锁芯内,按正确的方向将其装入后用钳子将止推卡捏紧,如图6-62所示。

③将橡胶密封圈装配到位后,对准键槽方向装好锁芯总成,如图6-63、图6-64所示。

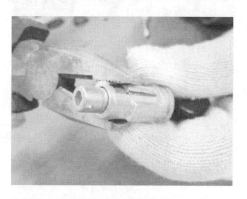

图6-62 装好锁芯

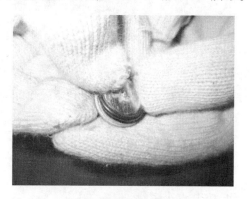

图6-63 安装橡胶密封圈

④将锁头处的橡胶密封圈安装牢靠,如图6-65所示。
⑤将锁头盖按锁头处的安装孔装配好,如图6-66所示。
⑥将销子校平后,用钳子将其对准安装孔,如图6-67、图6-68所示。

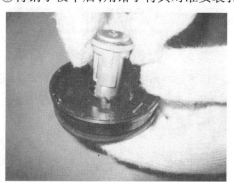

图6-64 装好锁芯总成

图6-65 安装锁头处的橡胶密封圈

图6-66 安装锁头盖

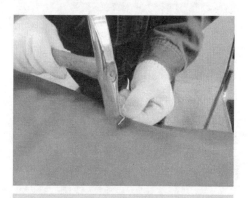

图6-67 用小锤校平销子

⑦将锁头垫在抹布或橡胶垫上,用小锤敲击销子使其装配到位,如图6-69所示。
⑧对准键槽和卡口,将油箱锁盖装配牢靠,如图6-70所示。

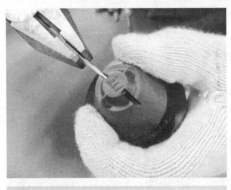
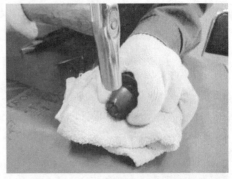

图6-68 将销子对准安装孔　　　　图6-69 将销子装配到位

（4）安装点火锁。

①将新点火锁线束插头放入转向柱中，如图6-71所示。

②将车钥匙插入锁孔内并顺时针拧到A挡、M挡的1/2处，用小规格一字螺丝刀按压止推卡，同时将点火锁往里推，直至将其卡住，如图6-72所示。

③拔出车钥匙，用T20弯头依次将点火锁固定沉头螺钉安装牢靠，如图6-73所示。

图6-70 装好油箱锁盖　　　　图6-71 将线束插头依次放入转向柱中

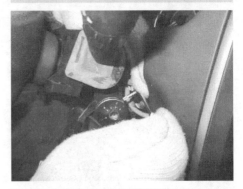

图6-72 对准方向将点火锁卡住　　　　图6-73 将沉头螺钉安装牢靠

④按卡槽的方向装配好点火锁护罩，如图6-74所示。

⑤按点火锁线束插头颜色的不同，分别接上各插头。

⑥将车钥匙分别拧到各挡位，测试其功能是否正常，如图6-75所示。

图6-74 装配好点火锁护罩

图6-75 测试点火锁的各挡位功能

> **小提示**
>
> 点火钥匙处于不同位置时,其功能都是有区别的,如图6-76所示。

S:转向盘锁止位置

要解除转向盘锁,需转动点火钥匙的同时来回轻轻转动转向盘。

A:电器附件工作位置

点火钥匙处于该位置时,便可使用电器附件,蓄电池充电指示灯亮。

M:点火开关运行位置

下列指示灯应该点亮或短时间点亮:

发动机冷却液温度、发动机电子喷射系统、密码防盗起动、制动液液面、蓄电池充电、强制停车、发动机油油压、驻车制动、前安全气囊、ABS(汽车防抱死制动系统)。

图6-76 点火锁的各位置功能

D:起动位置

发动机起动后请立即松开点火钥匙,钥匙将自动回到M位置。

发动机工作时切忌转动钥匙到此位置。

⑦测试确认无误后,将点火锁线束卡紧。

⑧安装转向柱护罩,拧紧固定螺钉,如图6-77、图6-78所示。

> **小提示**
>
> 由于转向盘的高度是可以上下调节的,装好转向柱护罩后注意按驾驶人的习惯位置调整好转向盘的高度,如图6-79所示。

学习任务六　全车锁芯的更换

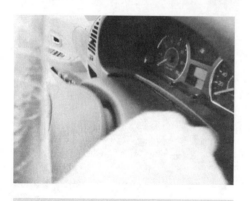

图6-77　安装转向柱上护罩

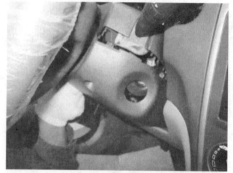

图6-78　安装转向柱下护罩

⑨用专用计算机对新钥匙进行密码匹配(通常由机电工完成)。

 小 提 示

每辆汽车都只有唯一的钥匙密码(由车主提供),通常最大可匹配5把车钥匙。如果不进行密码匹配,汽车是无法起动的。

(5)清理工具,清洁工位,如图6-80所示。

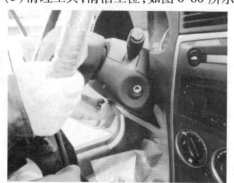

图6-79　按原样调整好转向盘的高度

图6-80　清洁工位

 小 提 示

良好的工作环境能使人们感到愉悦,也有利于安全操作和提高工作效率。

三、评价与反馈

1. 对本学习任务进行评价,见表6-1。

评 分 表　　　　　　　　　　　　　　　　　　表 6-1

考核项目	评分标准	分 数	学生自评	小组评价	教师评价	小 计
团队合作	是否和谐	5				
活动参与	是否积极主动	5				
任务方案	是否正确、合理	15				
安全生产	有无安全隐患	10				
操作过程	（1）是否做了作业前的准备工作； （2）全车锁芯的拆卸过程是否规范； （3）车门锁弹子的匹配是否正确； （4）全车锁芯的安装过程是否规范	30				
任务完成情况	是否圆满完成	5				
工具使用情况	是否规范标准	10				
劳动纪律	是否能严格遵守	5				
现场 5S 管理	是否做到	10				
工单填写	是否完整、规范	5				
总　分		100				
教师签名：			年　月　日		得分：	

2. 能否向车主解释评估及排除过程？如不能，分析原因并提出改进措施。

四、学 习 拓 展

1. 查阅资料，了解东风雪铁龙世嘉车型全车锁芯的更换方法。

2. 查阅资料，了解智能防盗锁芯的工作原理及更换方法。

学习任务七

车门玻璃升降器的更换

学习目标

完成本学习任务后,你应当能:
1. 叙述玻璃升降器的作用及其分类;
2. 识别电动式玻璃升降器的组成零部件;
3. 熟悉电动钢丝绳玻璃升降器的工作过程;
4. 读懂给定的检测工艺流程,并对测试结果进行分析;
5. 正确使用拆装工具;
6. 根据车身维修手册,规范地拆装玻璃升降器。

建议完成本学习任务的时间为 **12** 课时。

学习任务描述

一辆2010款爱丽舍1.6L轿车,车主反映:左前门车窗玻璃无法升起。需要你对此现象进行检测,确定故障部位并维修。

学习内容

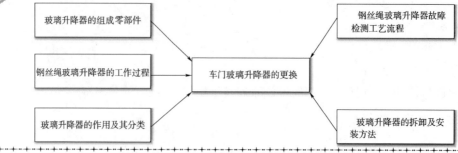

一、资料收集

引导问题1 车门玻璃升降器的功能是什么？玻璃升降器是如何分类的？

1 车门玻璃升降器的功能

车门玻璃升降器是按一定的驱动方式将汽车车窗玻璃沿玻璃导槽升起或下降，并能按要求停留在任意位置的装置，是调节车门玻璃开度大小的专用部件。其功能具体表现在以下几个方面：

（1）能灵活调整车门玻璃开度大小、通风、防风雨。只有保证车门玻璃平衡升降，并能顺利的开启和关闭，才能满足乘坐舒适的需要。

（2）车门玻璃应能停在任意位置，既不下滑，也不会由于汽车颠簸而上下跳动。

（3）锁上车门后，能防止外人将车门玻璃强行拉下而进入车内。

2 车门玻璃升降器的分类

车门玻璃升降器种类很多，通常是按传动结构不同分类，如图7-1所示。

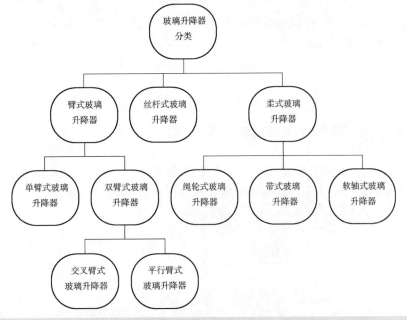

图7-1 车门玻璃升降器分类

3 车门玻璃升降器的特点

现代汽车车门玻璃升降器运用较多的是臂式玻璃升降器和柔式玻璃升降器，丝杆式玻璃升降器主要用于较大车窗玻璃升降,现代汽车用的较少。臂式升降器有单臂式、双臂式。交叉臂式电动升降器如图 7-2 所示。

(1)臂式升降器的特点:臂式升降器的传动机构为齿轮、齿板啮合传动,除齿轮外其主要构件均为板式结构,加工方便、成本低,但由于其采用悬臂式支承结构及齿轮、齿板机构,故工作阻力较大。

(2)柔式玻璃升降器因导绳的材料或制作工艺方式不同,又分为绳轮式、软轴式和带式三种玻璃升降器。前两种是用钢丝绳作为导绳,后一种是用塑料带作为导绳。钢丝绳式电动升降器如图 7-3 所示。

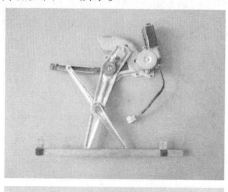

图 7-2　交叉臂式电动升降器

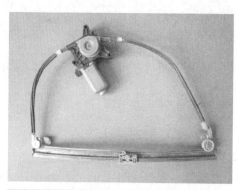

图 7-3　钢丝绳式电动升降器

(3)绳轮式玻璃升降器的特点:绳轮式玻璃升降器以钢丝绳为运动软轴,依靠两个滑轮定位,通过蜗杆转动带动蜗轮,进而带动钢丝绳上下运动。其特点是工作可靠性好、运动平稳、噪声小、质量轻、安全方便、使用寿命长。2010 款爱丽舍轿车车窗使用的就是这种类型的玻璃升降器。

引导问题 2　玻璃升降器安装位置在哪?

在左前门拉手盒上装有玻璃升降器主开关,并能控制其他门车窗玻璃的升降,如图 7-4 所示,玻璃升降器由 5 个六角凸缘螺母固定在车门内板上,如图 7-5 所示。

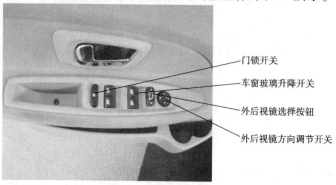

图 7-4　电动车窗主开关

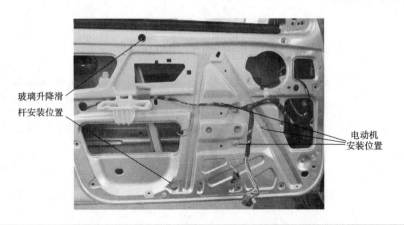

图 7-5 电动玻璃升降器安装位置

引导问题 3 电动玻璃升降器的基本结构及工作过程是怎样的？

2010 款爱丽舍轿车前车门玻璃升降器的基本结构主要由电动机、减速器、钢丝绳、导向板和玻璃安装托架等零部件组成，如图 7-6 所示。

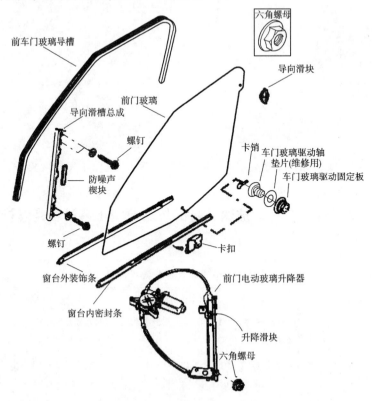

图 7-6 前车门电动玻璃升降器的基本结构图

学习任务七　车门玻璃升降器的更换

小提示

图 7-6 中"垫片(维修用)",在新车结构中没有。只是玻璃升降器长期使用后零部件相互磨损产生间隙,维修时根据磨损选择不同厚度的垫片用来消除间隙,防止行车时产生噪声。

工作过程:车门玻璃由止推垫圈及卡销固定在玻璃升降器的安装托架上,玻璃导向槽与钢丝绳导向板平行。起动电动机(图 7-7),电动机带动减速器(图 7-8)输出动力,拉动钢丝绳移动玻璃安装托架,迫使车窗玻璃作上升或下降的直线运动。其传递路线为:电动机→减速器→钢丝滚筒→玻璃托架。

电动玻璃升降器电动机采用可逆性永磁直流电动机,电动机内有两组绕向不同的磁场线圈,通过开关的控制可做正转和反转,也就是说可以控制门窗玻璃的上升或下降。电动机是由双联开关按钮控制,设有升、降、关等三个工作状态,开关不操纵时自动停在"关"的位置。操纵电路设有总开关(中央控制)和分开关,两者线路并联。总开关由驾驶人,控制全部车窗玻璃的升降,而各车门内把手上的分开关由乘员分别控制各个门窗玻璃的升降,操作十分便利。

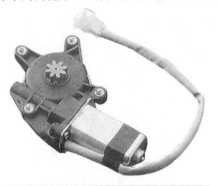
图 7-7　电动机(含内置减速器)

图 7-8　减速器结构

引导问题 4　前车门电动玻璃升降的故障检测工艺过程是怎样的?

整车电动车窗常见故障检测见表 7-1。

整车电动车窗常见故障检测　　　　　　　　表 7-1

常见的故障	故障原因	检测内容
某个车窗只能向一个方向运动	分开关故障或分开关至主开关可能出现断路	检查分开关导通情况及分开关至总开关控制导通情况
某个车窗两个方向都不能运动	传动机构卡住、车窗电动机损坏、分开关至电动机断路	检查传动机构是否卡住、测试电动机工作情况、检查分开关至电动机电路情况
整车车窗均不能升降或偶尔能升降	总开关出了问题故障	检查总开关导通情况

前车门玻璃不能升降,说明前车窗电路、升降开关、玻璃升降器机构有可能出现故障,应按照规定的检测工艺流程进行故障分析、排除故障、更换零部件。如图7-9所示。

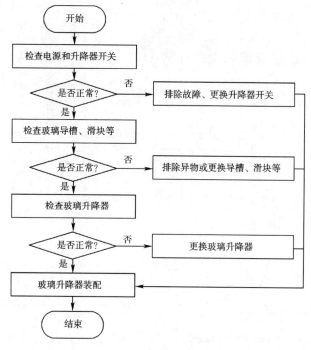

图7-9 前车门电动玻璃升降器故障的检测工艺流程

二、实施作业

引导问题5 作业需要哪些工具、设备和材料?

（1）T20螺丝刀、塑料卡扣拆卸器、小规格一字螺丝刀、接杆、10mm套筒、数字万用表、裁纸刀、小棘轮扳手,如图7-10所示。

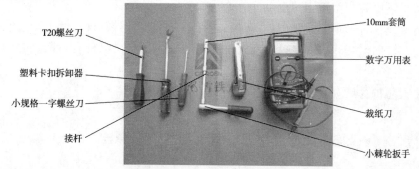

图7-10 拆装工具

(2)脚垫、转向盘套、座椅套、变速杆手柄套、驻车制动器操纵杆套、干净抹布。

(3)车门玻璃升降器、车门内饰板卡扣等。

(4)爱丽舍轿车车身维修手册。

引导问题6 通过查询和查找(图7-11),认真填写以下信息。

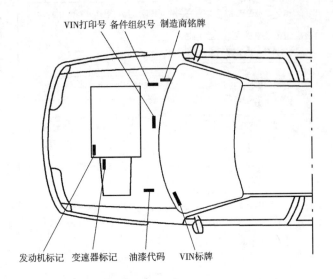

图7-11 2010款爱丽舍轿车各标识位置

生产年份_____,车牌号码_____,行驶里程_____,发动机型号及排量_____,备件组织号_____,油漆代码_____,车辆识别代码(VIN)_____。

引导问题7 作业前的准备工作有哪些?

(1)车辆进入修理工位前,将工位清理干净,准备好相关的工具和材料(图1-14)。

(2)将车辆停驻在修理工位上。

(3)将变速杆置于空挡或驻车挡(P挡);拉起驻车制动器操纵杆(图1-16、图1-17)。

(4)套上转向盘套、座椅套、变速杆手柄套、驻车制动器操纵杆套,铺设脚垫(图1-18～图1-22)。

(5)个人防护:操作前应做好个人防护工作(图1-30～图1-38)。

引导问题8 怎样规范地检查拆卸电动玻璃升降器?

(1)用数字万用表检查蓄电池电压是否达到额定的电压要求,若电压大于9.6V,说明蓄电池良好;若电压小于 9.6V,说明亏电或存在故障。其检查方法如图 7-12 ~ 图 7-14 所示。

（2）用数字万用表检查熔断丝是否完好,如图 7-15、图 7-16 所示。

查阅资料找到玻璃升降器专用熔断丝部位 27号,用专用夹具取出熔断丝,如图 7-16 所示。

在明亮处观察或用数字万用表检查玻璃升降器熔断丝是否完好,如图 7-18、图 7-19 所示。

（3）用数字万用表检查玻璃升降器开关是否完好,如图 7-20 ~ 图 7-22 所示。

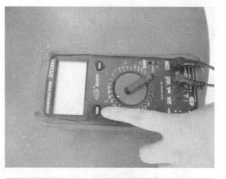

图 7-12　打开数字万用表开关

图 7-13　把旋钮调至 AMP(安培)挡

图 7-14　检测蓄电池电压

图 7-15　打开熔断丝盒盖板

图 7-16　取出专用夹具

图 7-17　取出玻璃升降器熔断丝

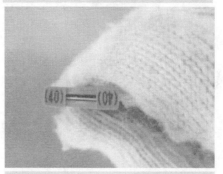

图 7-18　观察熔断丝

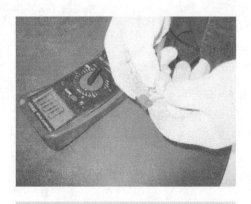
图7-19 用数字万用表检查熔断丝

图7-20 拆卸拉手盒

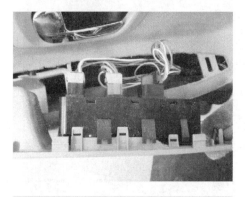
图7-21 断开开关插头

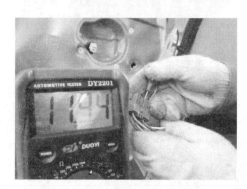
图7-22 用数字万用表检查开关插头

（4）拆卸车门内饰板及相关附件（规范拆卸方法在前面章节以作详细描叙，这里不再赘叙）。

（5）拆卸车门玻璃及导槽。

①将车门玻璃降至一半的位置，拆下玻璃导槽，如图7-23～图7-25所示。

图7-23 将车门玻璃降至一半的位置

图7-24 拔开玻璃导槽

小提示

在拆卸玻璃导槽时,要注意保护玻璃导槽及装饰外板,不要出现划痕或断裂。

②用自制弹簧钩子对准卡销口钩出弹簧卡销,双手向外轻推车窗玻璃,使车窗玻璃与玻璃升降器分离。如图7-26、图7-27所示。

图7-25 拆卸玻璃导槽

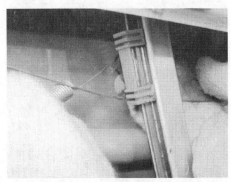

图7-26 钩出弹簧卡销

小提示

自制弹簧钩子可用老款神龙富康两厢车前转向灯的挂钩来代替。

双手握住车窗玻璃上方,并倾斜一定角度,取出车窗玻璃,如图7-28所示。

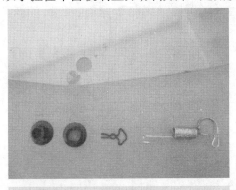

图7-27 车门玻璃弹簧卡销及拆卸工具

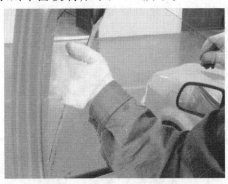

图7-28 取出车窗玻璃

(6)拆卸电动玻璃升降器。

①用10mm套筒扳手拆卸三个电动机固定六角螺母和上下两个玻璃升降器滑槽固定螺母,如图7-29、图7-30所示。

②断开电动机插头,取出电动玻璃升降器,如图7-31、图7-32所示。

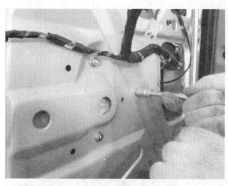

图7-29 拆卸电动机固定螺母

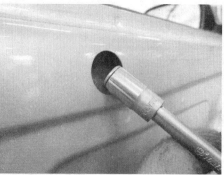

图7-30 拆卸玻璃升降器滑槽固定螺母

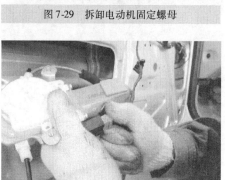

图7-31 断开电动机插头

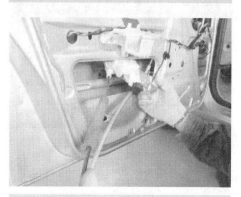

图7-32 取出电动玻璃升降器

引导问题9 怎样判别电动玻璃升降器的好坏？

取出电动玻璃升降器后首先检查电动玻璃升降器钢丝绳是否锈蚀、断裂，如图7-33、图7-34所示。

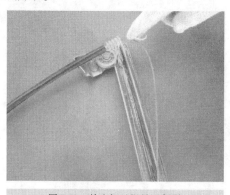

图7-33 检查钢丝绳是否断裂

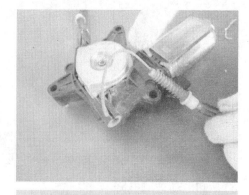

图7-34 检查钢丝绳是否锈蚀

检查玻璃升降导槽是否变形或被异物卡住，滑槽、滑块是否损坏，如图7-35、图7-36所示。

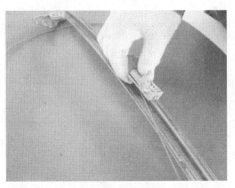

图 7-35 检查滑块是否变损伤

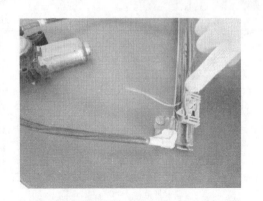

图 7-36 检查滑槽是否变形

最后用数字万用表检查电动机、减速器能否工作。如图 7-37 所示。

引导问题 10 怎样规范地安装电动玻璃升降器？

拆卸电动玻璃升降器后，如果检查发现电动玻璃升降器钢丝绳锈蚀和断裂、滑槽和滑块严重损坏、电动机和减速器不能工作等，都需要进行更换。规范地安装玻璃升降器，基本上按照与拆卸步骤相反的顺序进行。经测试无误后，清理工具、清洁工位，如图 7-38 所示。

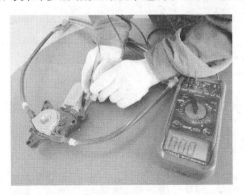

图 7-37 用数字万用表检查电动机

图 7-38 清洁工位

小 提 示

良好的工作环境能使人们感到愉悦，也有利于安全操作和提高工作效率。

三、评价与反馈

1. 对本学习任务进行评价，见表 7-2。

评 分 表　　　　　表 7-2

考核项目	评分标准	分　数	学生自评	小组评价	教师评价	小　计
团队合作	是否和谐	5				
活动参与	是否积极主动	5				
任务方案	是否正确、合理	15				
安全生产	有无安全隐患	10				
操作过程	（1）是否做了作业前的准备工作； （2）玻璃升降器拆卸过程是否规范； （3）电动玻璃升降器故障检测工艺流程是否正确； （4）玻璃升降器安装过程是否规范	30				
任务完成情况	是否圆满完成	5				
工具使用情况	是否规范、标准	10				
劳动纪律	是否能严格遵守	5				
现场5S管理	是否做到	10				
工单填写	是否完整、规范	5				
总　分		100				
教师签名：			年　月　日		得分：	

2. 能否向车主解释故障诊断及排除的过程？如不能，分析原因并提出改进措施。

四、学 习 拓 展

1. 查阅资料，了解东风雪铁龙其他车型玻璃升降器的基本构造和更换方法。

2. 查阅资料，了解2010款爱丽舍1.6L轿车玻璃升降器操纵电路总开关（中央控制）和分开关，以及两者线路并联关系，并能绘制线路图。

汽车车身维修技术

学习任务八
前风窗玻璃的更换

学习目标

完成本学习任务后,你应当能:
1. 了解风窗玻璃功能;
2. 熟悉风窗玻璃的种类及各自特点;
3. 正确使用拆装工具;
4. 根据车身维修手册,规范地拆卸和安装前风窗玻璃。

 建议完成本学习任务的时间为 **12** 课时。

 学习任务描述

一辆2010款爱丽舍1.6L轿车,车主反映:前风窗玻璃被飞石击中出现裂纹,影响驾驶人视野。需要你对此现象进行评估并维修。

 学习内容

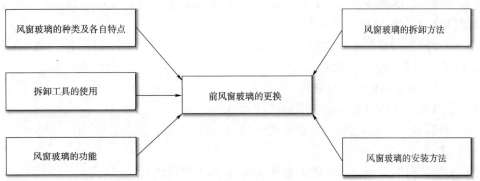

一、资料收集

引导问题1 风窗玻璃的功能是什么？风窗玻璃的种类有哪些？

1 风窗玻璃的功能

风窗玻璃主要是指汽车前、后风窗玻璃,风窗玻璃能保证驾驶人有良好的能见度、视野开阔,在遇到碰撞、飞石等情况下玻璃被打破而不伤人,能挡风、遮雨、密闭、采光,并起到了构成车身外形和装饰外观的作用。同时兼顾其他功能,前风窗玻璃的功能具体表现在以下几个方面(图8-1):

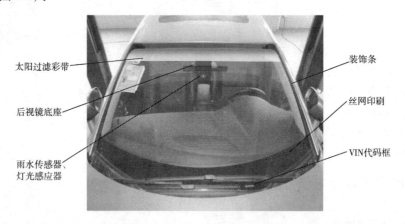

图8-1 前风窗玻璃的各功能

(1)太阳过滤彩带(印刷丝网),在阳光明媚的天气下能过滤紫外线辐射,为驾驶人提供舒适的驾驶环境。

(2)雨水传感器是利用光学原理,采用先进的光电转换技术,对汽车前风窗玻璃上的雨水、雾水、雪水进行探测判断,采集数据,经微机计算,准确判断后,根据雨量大小,完全自动地控制刮水器及刮水器动作的快慢。

(3)灯光感应器是利用光学原理,采用先进光电转换技术,由微机控制的光学感应控制系统。能够感应及判断环境光线亮度变化,自动控制汽车小灯与前照灯近光灯开启和关闭,代替人工操作,减轻驾驶人工作强度,提高安全性。

(4)装饰条用于密封和固定玻璃的注塑包边。

(5)丝网印刷——黑色周围印边的玻璃,其作用是隐藏紧固的黏合剂,以保护其不暴露在阳光下面。

(6)VIN代码框是一个从玻璃上看到VIN(车辆识别代码)的窗口。

有的车在玻璃下方设有加热功能——加热的刮水片区,长丝作为对整个汽车表面加热

（整片夹丝加热线和局部夹丝加热线）。风窗玻璃还具有隔热、吸热、防紫外线等功能。

2 风窗玻璃的分类

汽车风窗玻璃通常采用利于改善视野而又美观的曲面玻璃，为了确保乘员的安全，各国对车辆前、后风窗玻璃的种类及品质都有法律规定，风窗玻璃必须采用安全玻璃。风窗玻璃的种类如图8-2所示。

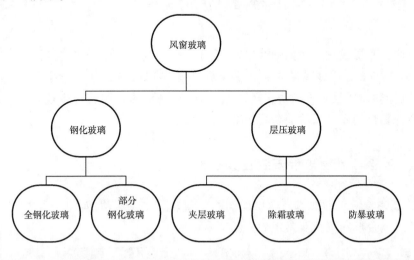

图8-2　风窗玻璃的分类

1 钢化玻璃的特点

钢化玻璃是将平板玻璃由炽热状态骤冷，使表面对其芯部造成挤预应力，而获得的高强度玻璃。弯曲强度、冲击强度、疲劳强度比普通玻璃高3~4倍，热稳定性高，可经受120~130℃的温度差而不炸裂。破碎后形成黄豆大小的细粒且没有尖角，无锋锐的碎片，无碎屑飞散，不致伤人，使用安全好。但成形后不能进行切割、钻孔加工。汽车用钢化玻璃一般在3~5mm，相对质量比层压玻璃高。

2 部分钢化玻璃的特点

部分钢化玻璃是在制造时的强化处理过程中，让部分部位（中央部分）冷却缓慢，其表面残留压缩应力较小，破片较粗可使驾驶人前方视野清楚。

3 夹层玻璃的特点

夹层玻璃是在两层或三层普通薄片玻璃之间夹透明可黏结性塑料，通过黏合剂、软化剂处理，再经过滚压、热处理使之黏合逐渐冷却而制成。通常玻璃间夹入的透明的黏结薄膜为聚乙烯甲酯或聚乙烯醇缩丁醛（PVB）薄膜。具有优良的力学性能，抗弯曲强度比钢化玻璃小，当冲击速度增加时，冲击强度比钢化玻璃高的多，夹层玻璃在被击碎后玻璃碎块仍旧黏在塑料夹层上，碎片最长不大于5mm。无碎屑，夹层层玻璃可以用刀具随意切割，前面的风窗玻璃还可以在中间夹层内上半部改成浅绿色或天蓝色薄膜，以减少阳光对驾驶人照射的程度。夹层玻璃是现代汽车前风窗玻璃最理想的安全玻璃。2010 款爱丽舍 1.6L 轿车前风窗玻璃就是使用的夹层玻璃。

❹ 除霜玻璃特点

除霜玻璃具有严冬季节防雾除霜作用。制造方法有两种：
（1）采用网板印刷法将导电性胶印刷在玻璃上，形成细线状，适用于后窗。
（2）用喷镀法把透明金属膜镀在玻璃上，适用于后窗。

❺ 防暴玻璃特点

防暴玻璃在两层或三层普通薄片玻璃之间夹 PET 与镀铝 PET 复合后的双层金属防爆膜，其厚度为 0.05mm，这种厚度的 PET 膜与汽车玻璃通过黏合剂贴合起来后，能达到延长被小偷敲碎玻璃的时间，而不能防止爆炸或防盗，而真正的防爆膜至少达到 0.3mm 与汽车玻璃通过特种黏合剂复合后才能防止爆炸。

引导问题2　风窗玻璃安装位置在哪？

2010 款爱丽舍轿车的前风窗玻璃如图 8-3 所示，后风窗玻璃如图 8-4 所示，前、后风窗玻璃都是通过黏合剂固定在车身上。

图 8-3　前风窗玻璃

图 8-4　后风窗玻璃

引导问题3　风窗玻璃的基本结构及固定方法是怎样的？

2010 款爱丽舍轿车前风窗玻璃的基本结构如图 8-5 所示。

汽车前风窗玻璃和后风窗玻璃的固定方法相同，根据固定玻璃时使用的材料不同，风窗玻璃常用的固定方法有以下两种：
（1）橡胶密封条镶嵌法：主要是靠橡胶密封条将风窗玻璃镶嵌在风窗窗框的止口上，如图 8-6 所示。
（2）黏合剂固定法：就是利用黏合剂来固定玻璃，如图 8-7 所示。

图 8-5 前风窗玻璃及相关零部件

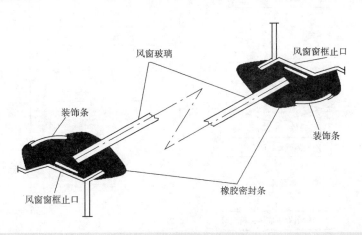

图 8-6 橡胶密封条镶嵌玻璃

引导问题 4 风窗玻璃更换工艺过程是怎样的？

前风窗玻璃被飞石打破出现裂纹，经检查必须更换，应按照规定进行拆装，图 8-8 所示为 2010 款爱丽舍前风窗玻璃拆装工艺流程图。

学习任务八 前风窗玻璃的更换

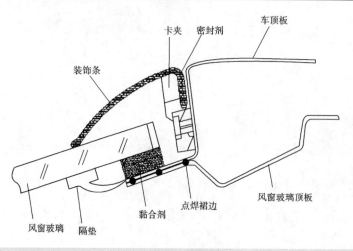

图 8-7 黏合剂固定玻璃

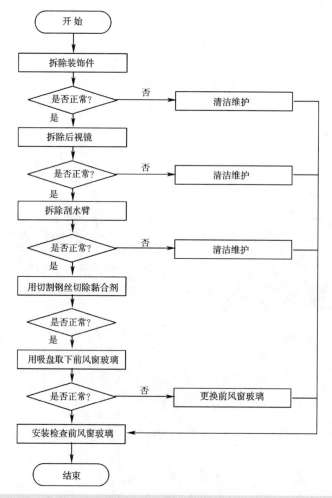

图 8-8 前风窗玻璃拆装工艺流程

二、实施作业

引导问题 5 作业需要哪些工具、设备和材料?

（1）风窗玻璃的更换所需工具及材料一般有拆装常用工具及防护用品（图 8-9）、切除玻璃黏合剂专用工具（图 8-10）、玻璃安装工具及材料主要有黏合剂胶枪和玻璃黏合剂等，如图 8-11～图 8-13 所示。

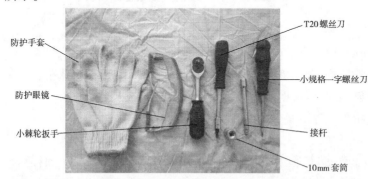

图 8-9 拆装工具

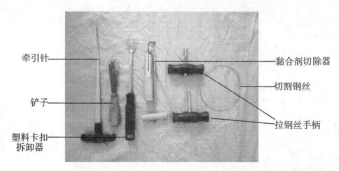

图 8-10 切除玻璃黏合剂专用工具

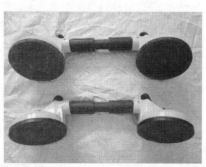

图 8-11 玻璃吸盘

图 8-12 黏合剂胶枪

学习任务八 前风窗玻璃的更换

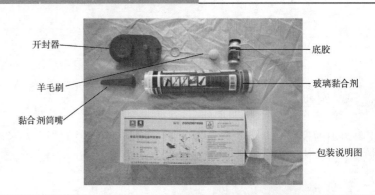

图8-13 玻璃黏合剂修理包

(2)脚垫、转向盘套、座椅套、变速杆手柄套、驻车制动器操纵杆套。
(3)仪表板防护罩、发动机罩防护罩、前翼子板防护罩等,干净抹布。
(4)前风窗玻璃、前风窗玻璃装饰条等。
(5)爱丽舍轿车车身维修手册。

引导问题6 通过查询和查找(图8-14),认真填写以下信息。

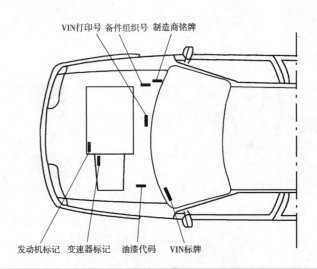

图8-14 2010款爱丽舍轿车各标识位置

生产年份_____,车牌号码_____,行驶里程_____,发动机型号及排量_____,备件组织号_____,油漆代码_____,车辆识别代码(VIN)_____。

引导问题7 作业前的准备工作有哪些?

(1)车辆进入修理工位前,将工位清理干净,准备好相关的工具和材料(图1-14)。

（2）将车辆停驻在修理工位上。

（3）将变速杆置于空挡或驻车挡（P挡）；拉起驻车制动器操纵杆（图1-16、图1-17）。

（4）套上转向盘套、座椅套、变速杆手柄套、驻车制动器操纵杆套，铺设脚垫（图1-18~图1-22）。

（5）在仪表板、发动机罩、前翼子板等处盖上防护罩。

（6）个人防护：操作前应做好个人防护工作（图1-30~图1-38）。

引导问题8　怎样规范地拆卸前风窗玻璃？

2010款爱丽舍轿车前风窗玻璃是用黏合剂固定的。用黏合剂固定的风窗玻璃的拆除方法有局部切除和完全切除。局部切除是利用未受损且厚度足够的黏合剂作涂抹新黏合剂的基底，而对不能利用的部分黏合剂给予切除。完全切除就是将原有的都不能利用的黏合剂进行全部清除。决定哪种方法要以玻璃拆卸后根据原有的黏合剂断面情况而定。

玻璃拆卸前需要对前风窗玻璃周围、前后的装饰件和零部件进行拆卸。拆卸顺序是：拆卸刮水器、拆卸前围固定板、拆卸前窗立柱内侧装饰板、拆卸内视镜等，最后拆卸前风窗玻璃。部分车前风窗玻璃内嵌有其他元件，在拆卸时应首先拆除的元件的连接线。

（1）拆卸前刮水臂总成，如图8-15、图8-16所示。

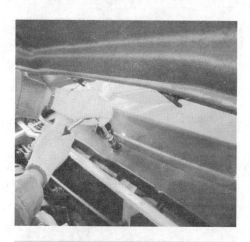
图8-15　拧下前刮水臂固定螺母

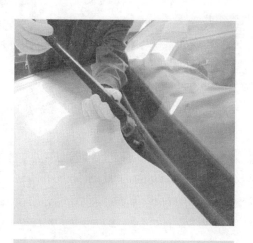
图8-16　取下前刮水臂总成

（2）拆卸前风窗玻璃前围盖板，如图8-17~图8-19所示。

（3）拆卸前风窗玻璃立柱内侧左装饰板，如图8-20~图8-22所示。

（4）拆卸内后视镜，如图8-23所示。

（5）拆卸前风窗玻璃，如图8-24~图8-32所示。

拆卸玻璃前需要对已老化玻璃装饰条用锋利的小刀进行切除。为了便于牵引针能穿过黏合剂和钢丝绳切割，可先用加热喷枪均匀软化玻璃四周的黏合剂，效果会更好，切割会更顺利。

学习任务八　前风窗玻璃的更换

图8-17　拧下前围盖板固定螺母

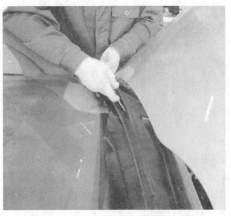

图8-18　撬开前围盖板

小提示

用加热喷枪加热时，加热温度不要过高、过于集中，防止损伤其他部位。

图8-19　取下前围盖板

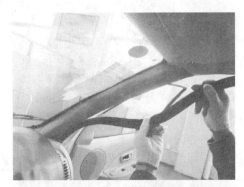

图8-20　拉开车门框上方密封条

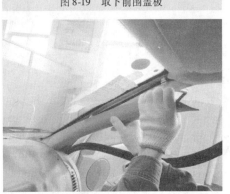

图8-21　拔开前风窗玻璃立柱内侧装饰板

图8-22　取下前风窗玻璃立柱内侧装饰板

图 8-23 拆卸内后视镜

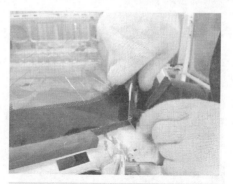

图 8-24 切除前风窗玻璃装饰条

图 8-25 牵引针刺穿黏合剂

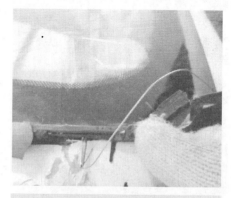

图 8-26 引入钢丝绳穿过

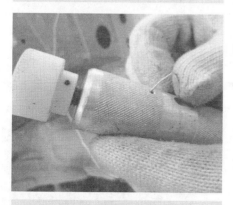

图 8-27 钢丝绳连上手柄

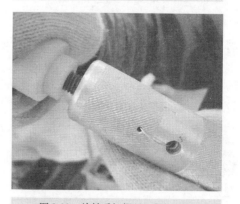

图 8-28 旋转手柄螺母压紧钢丝绳

小提示

除用拉动钢丝绳切割黏合剂方法外,也可用黏合剂切除器切割黏合剂,其方法是一手握住黏合剂切除器把柄,将刀片插入车身与玻璃之间的黏合剂空隙处,沿着玻璃整个周围轮廓,另一手按照用力方向拉手柄进行切割。

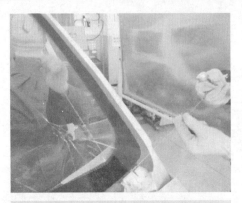
图 8-29　两人来回拉动钢丝绳切割黏合剂

图 8-30　放正吸盘

图 8-31　压紧吸盘,扳下按钮吸住玻璃

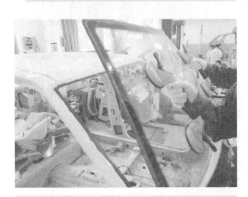
图 8-32　两人合力用吸盘取下玻璃

引导问题9　怎样规范地安装前风窗玻璃?

汽车玻璃是一种易碎物品,新玻璃安装前要有专用玻璃支架放置,如图8-33、图8-34所示,切勿与其他金属物发生硬顶,防止发生玻璃损伤。

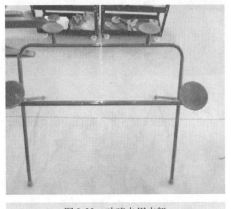
图 8-33　玻璃专用支架

图 8-34　待装玻璃

(1)清除车身上残留的黏合剂,如图8-35所示。

（2）在玻璃上安装装饰条，如图 8-36 所示。

图 8-35　清除残留的黏合剂

图 8-36　安装玻璃装饰条

（3）贴定位标记纸带，如图 8-37～图 8-40 所示。

将新玻璃移到窗框上进行定位，定位时要均匀对准并调整，为了使玻璃能充分黏合，整个玻璃四周至少要有 6mm 宽度与窗框结合。在检查定位准确后在玻璃上方贴两条、左右各贴一条定位标记纸带，并沿装饰条边缘切断纸带，作为后续安装玻璃时参照物。

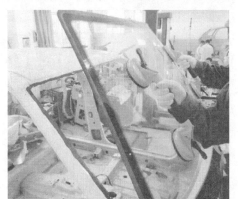

图 8-37　玻璃放正并调整到位

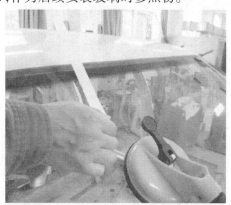

图 8-38　贴定位标记纸带

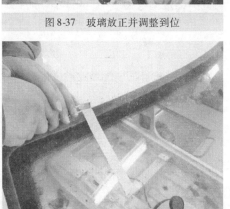

图 8-39　沿装饰条边缘切断纸带

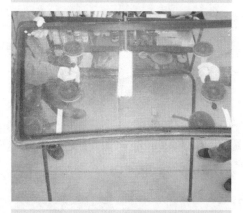

图 8-40　取下玻璃放回支架上

（4）涂玻璃黏合剂底漆，如图8-41～图8-46所示。

图8-41　在无绒布上沾上清洁剂

图8-42　清洁玻璃内侧边缘

小提示

清洁黏合面不要使用酒精和油性清洁剂进行清洁，要采用无氨的无污染玻璃清洁剂或厂家指定的专用清洁剂进行清洁。

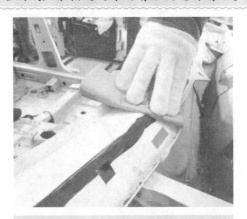

图8-43　清洁车身边缘

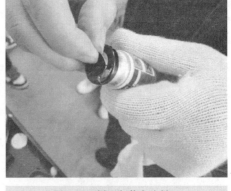

图8-44　拆开瓶装底胶封口

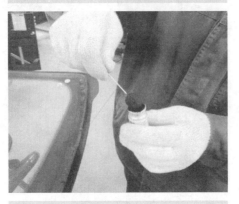

图8-45　用羊毛刷蘸少量底胶

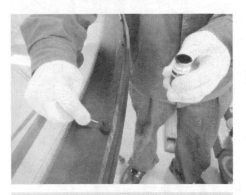

图8-46　在车身或玻璃内侧涂上底胶

在车身和玻璃上涂上底胶后,需要干燥15min,才能涂玻璃黏合剂。如果风窗玻璃内装有天线,则应在距天线等大约200mm的位置贴上一块丁基胶带,绝不要在引线附近使用底胶和玻璃黏合剂,以保证收音机信号不受干扰。

(5)涂玻璃黏合剂,如图8-47～图8-52所示。

在涂黏合剂之前,为了使黏合剂挤出时达到合适的宽度和高度,要在黏合剂涂沫工具嘴部进行剪修,如图8-47所示,常用嘴部直径为8mm、开口高度为10～12mm,成三角形。

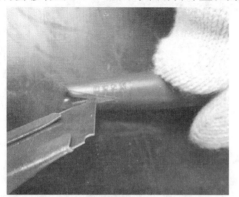

图8-47 修剪黏合剂涂沫工具嘴部

图8-48 安装气动黏合剂胶枪

玻璃黏合剂的抗拉强度和剪切强度对牢牢地固定风窗玻璃是非常重要的,当黏合剂使用后固化层将保持橡胶弹性,并在-50～100℃的范围内不会变得过度的硬和黏,因此必须使用厂家推荐的玻璃黏合剂。

图8-49 调节胶枪气体流量

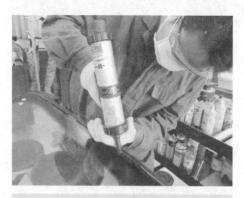

图8-50 涂抹玻璃黏合剂

在使用气动黏合剂胶枪涂沫黏合剂时,要从玻璃下部中间开始涂抹,枪杆竖直,以均匀的速度连续移动气动黏合剂胶枪,以达到挤出的黏合剂有适当的高度(10~12mm)和宽度(8~10mm)的正三角形形状。

涂抹玻璃黏合剂时,操作人员要穿上工作服,戴上护目镜、口罩和手套。

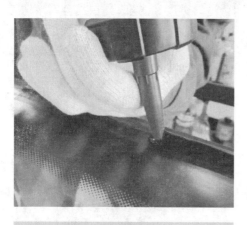 

图 8-51　挤出的黏合剂　　　　　　图 8-52　黏合剂涂抹完毕

(6)安装玻璃,如图 8-53~图 8-57 所示。

黏合剂涂抹完毕后,需要两人共同配合安装玻璃,用吸盘吸起玻璃,小心地移到车身窗框中,以先做好的定位标记纸带为参照物,准确地将玻璃放在窗框内用力压紧,如有挤出的黏合剂,将多余的黏合剂清除,也可用刮刀修平,以获得良好的密封效果。

图 8-53　玻璃移到车身窗框中　　　　图 8-54　以定位标记纸带为参照物

图8-55　准确安装到位

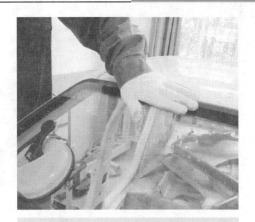

图8-56　用力压紧玻璃四周

 小　提　示

　　玻璃覆盖到车身上后,其内部的胶柱与车身黏结,胶柱受气候温度、湿度的影响,一般按厂家推荐的时间需要6～8h,才能彻底的在室温下硬化。因此在玻璃稳定在车身上后,可用品质较好的宽而透明胶带粘住玻璃外表面,防止玻璃下滑改变位置。

(7)玻璃泄漏检查,如图8-58所示。

　　清洁完玻璃四周污垢后,拆下定位标记纸带和保护罩,进行泄漏检查,找出漏风和漏水故障的方法有淋水、强光检查、肥皂水检查和使用临听设备等方法,常用的方法是用柔和的水流检查可疑的泄漏区域,如发现泄漏,可在泄漏处重新涂上黏合剂。

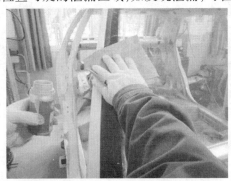

图8-57　用清洁剂清除多余黏合剂及污垢

图8-58　用柔和的水流检查

 小　提　示

　　两人配合,一人在车外用低压水喷水,另一人在车内观察,正确地找到漏水位置。

(8)清理工具,清洁工位,如图8-59所示。

学习任务八 前风窗玻璃的更换

图 8-59 清洁工位

良好的工作环境能使人们感到愉悦,也有利于安全操作和提高工作效率。

三、评价与反馈

1. 对本学习任务进行评价,见表8-1。

评 分 表　　　　　　　　　　　　表8-1

考核项目	评分标准	分数	学生自评	小组评价	教师评价	小　计
团队合作	是否和谐	5				
活动参与	是否积极主动	5				
任务方案	是否正确、合理	15				
安全生产	有无安全隐患	10				
操作过程	(1)是否做了作业前的准备工作； (2)拆装工具使用是否合理； (3)风窗玻璃装饰条及相关零部件拆装是否规范； (4)风窗玻璃拆卸是否规范； (5)风窗玻璃安装是否规范； (6)风窗玻璃防水密封检查是否合理	30				
任务完成情况	是否圆满完成	5				
工具使用情况	是否规范标准	10				
劳动纪律	是否能严格遵守	5				
现场5S管理	是否做到	10				
工单填写	是否完整、规范	5				
总　分		100				
教师签名:			年　月　日		得分:	

2. 能否向车主解释汽车前风窗玻璃的种类及安全特点？如不能，分析原因并提出改进措施。

四、学习拓展

1. 查阅资料，举例说明其他高档车风窗玻璃的特点及更换中需注意哪些事项。

2. 查阅资料，了解橡胶密封条镶嵌法固定风窗玻璃的结构原理及特点，在老师指导下并能掌握拆装方法。

汽车车身维修技术

学习任务九

发动机罩及行李舱盖的更换

学习目标

完成本学习任务后,你应当能:
1. 叙述发动机罩的作用;
2. 识别发动机罩及行李舱盖的安装组成零部件;
3. 读懂给定的行李舱盖锁故障检测工艺流程,并对测试结果进行分析;
4. 正确使用拆装工具;
5. 根据车身维修手册,安全规范地拆装发动机罩及行李舱盖。

 建议完成本学习任务的时间为 **12** 课时。

 学习任务描述

一辆 2010 款爱丽舍 1.6L 轿车,由于事故造成发动机罩及行李舱盖严重损坏。需要你对此次事故进行评估并维修。

 学习内容

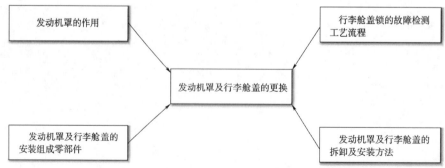

一、资料收集

引导问题1 发动机罩的作用是什么?

发动机罩位于前风窗玻璃的前方,其总成在结构上一般由外板和内板组成,中间夹以隔热材料,内板起到增强刚性的作用,其几何形状由厂家选取,基本上是骨架形式。发动机盖开启时一般是向后翻转,也有小部分是向前翻转。向后翻转的发动机盖打开至预定角度,与前风窗玻璃的最小间距约为10mm。

发动机罩的作用主要有以下几点。

1 空气导流

对于在空气中高速运动物体,气流在运动物体周边产生的空气阻力和扰流会直接影响运动轨迹和运动速度,通过发动机罩外形可有效调整空气相对汽车运动时的流动方向和对车产生的阻碍力作用,减小气流对车的影响。通过导流,空气阻力可分解成有益力,力大于前轮轮胎对地的力,有利于车的行驶稳定。

2 保护发动机及周边管线配件

发动机罩下,都是汽车重要的组成部分,包括发动机、电路、油路、制动系统以及自动系统等。对车辆至关重要。通过提高发动机罩的强度和构造,可充分防止冲击、腐蚀、雨水及电干扰等不利影响,充分保护车辆的正常工作。

3 美观

车辆外观设计是车辆价值的一个直观体现,发动机罩作为整体外观的一个重要组成部分,有着至关重要的作用,赏心悦目,体现整体汽车的概念。

4 辅助驾驶视觉

驾驶人在驾驶汽车过程中,前方视线和自然光的反射对驾驶人正确判断路面和前方状况至关重要,通过发动机罩的外形可有效调整反射光线方向和形式,从而降低光线对驾驶人的影响。

5 防止意外

发动机工作在高温、高压、易燃环境下,存在由于过热或者零件意外损坏而发生爆炸或者是燃烧、泄漏等事故,发动机罩可有效阻挡因爆炸引起的伤害,起到防护盾作用。有效阻隔空气和阻止火焰的蔓延,降低燃烧风险和损失。

6 特殊用途平台

特种车辆中,利用高强度发动机罩作为工作平台,起到支撑作用。

引导问题2 发动机罩及行李舱盖的安装零部件有哪些?

2010款爱丽舍轿车发动机罩包括发动机罩总成、整体式发动机罩锁、铰链及其操纵部件等,如图9-1所示。

2010款爱丽舍轿车行李舱盖包括行李舱盖总成、行李舱锁、铰链及其外开启手柄等,如图9-2所示。

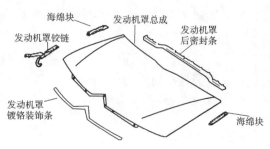

图9-1 发动机罩结构示意图

引导问题3 如何开启行李舱盖?

开启2010款爱丽舍轿车行李舱盖的方式有两种:

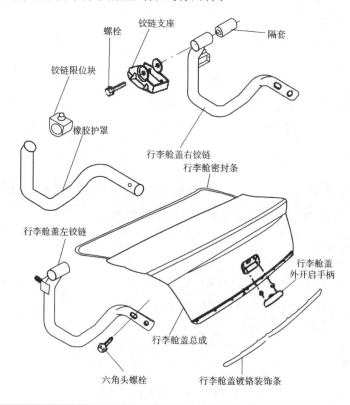

图9-2 行李舱盖结构示意图

第一种方式是在电动中央门锁解锁的状态下,触动行李舱盖上的开启开关,同时向上抬起外开启手柄,如图9-3 所示。

第二种方式是按压仪表板上的行李舱盖开启按钮,行李舱盖会自动弹起,如图9-4 所示。

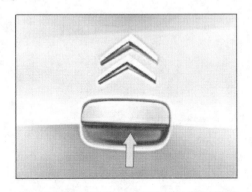
图9-3　触动开启开关并向上抬起外开启手柄

图9-4　按压仪表板上的开启按钮

行李舱盖开启备用模式:当电动中央门锁机构出现故障,通过上述两种方式均无法开启行李舱盖时,可将后座椅靠背放倒,从内部接近行李舱锁,用一个金属细长杆插入锁体上的备用模式开启孔,拨动锁孔即可开启行李舱盖,如图9-5 所示。

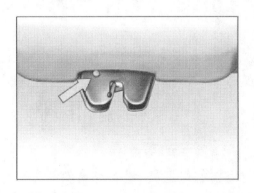
图9-5　备用模式开启孔

引导问题4　**行李舱盖锁的故障检测工艺流程是怎样的?**

操纵遥控钥匙上的开锁按钮或按压仪表板上的行李舱盖开启按钮时,行李舱盖锁无法开锁。说明锁机构出现了故障,应按照规定的检测工艺流程进行故障分析,如图9-6 所示。

学习任务九 发动机罩及行李舱盖的更换

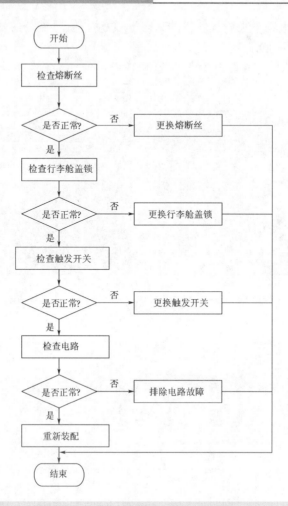

图9-6 行李舱盖锁故障检测工艺流程

二、实 施 作 业

引导问题5 作业需要哪些工具、设备和材料？

（1）专用塞尺、13mm套筒、10mm套筒、塑料卡扣拆卸器、小规格一字螺丝刀、T30接头、接杆、小棘轮扳手、万用表，如图9-7所示。

（2）脚垫、转向盘套、座椅套、变速杆手柄套、驻车制动器操纵杆套、前翼子板防护垫、干净抹布。

（3）发动机罩、行李舱盖、镀铬装饰条、标识、卡扣等。

（4）爱丽舍轿车车身维修手册。

图9-7 使用工具

引导问题6 通过查询和查找(图9-8),认真填写以下信息。

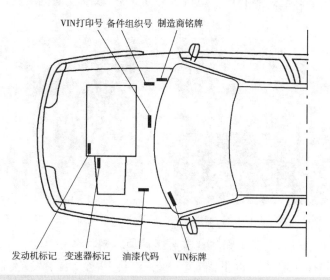

图9-8 2010款爱丽舍轿车各标识位置

生产年份_____,车牌号码_____,行驶里程_____,发动机型号及排量_____,备件组织号_____,油漆代码_____,车辆识别代码(VIN)_____。

引导问题7 作业前的准备工作有哪些?

(1)车辆进入修理工位前,将工位清理干净,准备好相关的工具和材料(图1-14)。
(2)将车辆停驻在举升机中央位置(图1-15)。
(3)将变速杆置于空挡或驻车挡(P挡);拉起驻车制动器操纵杆(图1-16、图1-17)。
(4)套上转向盘套、座椅套、变速杆手柄套、驻车制动器操纵杆套,铺设脚垫(图1-18~图1-22)。
(5)拉动发动机罩开启拉索,扣开安全锁;取下发动机罩支撑杆,将发动机罩可靠支撑

(图1-23～图1-26)。

(6)安装好左、右前翼子板防护垫(图1-28、图1-29)。

(7)个人防护:操作前应做好个人防护工作(图1-30～图1-38)。

引导问题8　怎样规范地拆卸发动机罩及行李舱盖?

1　拆卸发动机罩

(1)拆卸发动机罩镀铬装饰条。

①用塑料卡扣拆卸器小心拆下圆形卡环共2个,如图9-9所示。

②用小规格一字螺丝刀小心拆下塑料卡夹共3个,取下发动机罩镀铬装饰条,如图9-10所示。

图9-9　取下圆形卡环

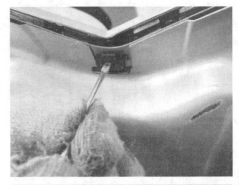
图9-10　拆下塑料卡夹

(2)拆卸发动机罩后密封条、可调式橡胶缓冲块及密封条。

①用塑料卡扣拆卸器依次拆下固定塑料卡扣共12个,取下发动机罩后密封条,如图9-11所示。

②将可调式橡胶缓冲块逆时针旋下,用小规格一字螺丝刀小心拆下海绵块,如图9-12、图9-13所示。

图9-11　拆下发动机罩密封条

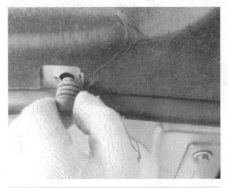
图9-12　逆时针旋下可调式橡胶缓冲块

(3)拆卸发动机罩总成。

①拆下前风窗玻璃洗涤喷嘴及软管,如图9-14、图9-15所示。

图9-13 拆下海绵块

图9-14 拆下前风窗玻璃洗涤喷嘴

②两人相互协作,用小棘轮扳手配上接杆和10mm套筒,拆下发动机罩固定螺栓,取下发动机罩总成,如图9-16所示。

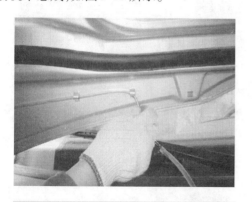

图9-15 拆下洗涤软管

图9-16 拆下发动机罩固定螺栓

小 提 示

为了避免损坏其他零部件,找个助手帮忙固定住发动机罩很重要。将你的肩膀放在发动机罩下面,同时用一只手撑住发动机罩底部边缘,这样可以防止发动机罩滑下来从而撞到前风窗玻璃、前围板或前翼子板。用肩部支承住发动机罩的重量,用另一只自由的手拆卸发动机罩铰链螺栓。

2 拆卸行李舱盖

(1)开启行李舱盖,用塑料卡扣拆卸器拆下行李舱盖隔声垫,如图9-17、图9-18所示。

(2)拆卸行李舱盖锁。

①用T30螺丝刀拆下行李舱盖锁固定螺钉共2个,如图9-19所示。

②用小规格一字螺丝刀推开倒卡,如图9-20所示。

图9-17 开启行李舱盖

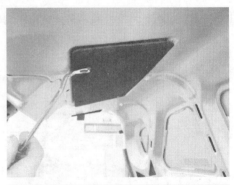

图9-18 拆下隔声垫

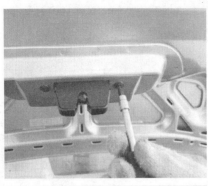

图9-19 拆下行李舱盖锁固定螺钉

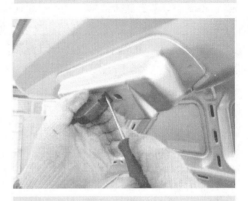

图9-20 推开倒卡

③拔下插头,取下行李舱盖锁,如图9-21所示。

(3)拆卸行李舱盖外开启手柄及相关组成零部件。

①拔下行李舱盖外开启手柄插头,如图9-22所示。

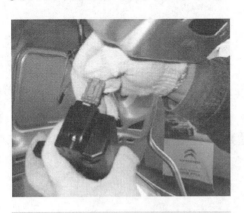

图9-21 取下行李舱盖锁

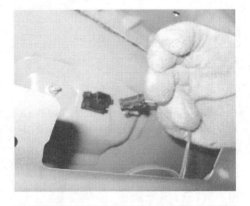

图9-22 拔下外开启手柄插头

②用小棘轮扳手配上接杆和10mm套筒拆卸行李舱盖外开启手柄固定螺母,如图9-23所示。

③用手按压两边的倒卡,取下行李舱盖外开启手柄,如图9-24所示。

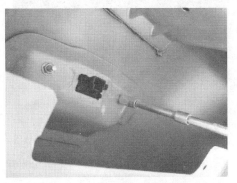

图9-23 拆下外开启手柄固定螺母

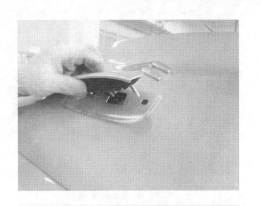

图9-24 取下外开启手柄

④用小规格一字螺丝刀适力撬起卡夹，分离壳盖，如图9-25、图9-26所示。

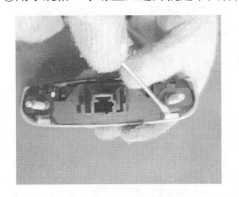

图9-25 撬开卡夹

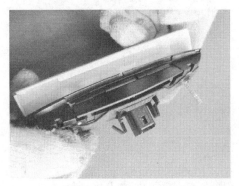

图9-26 分离壳盖

⑤拆卸行李舱盖锁触发开关，如图9-27～图9-29所示。

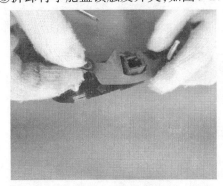

图9-27 取下密封垫

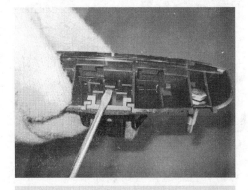

图9-28 撬开倒卡

（4）拆卸线束。
①用塑料卡扣拆卸器拆下线束固定卡扣，如图9-30所示。
②用塑料卡扣拆卸器拆下橡胶护罩固定卡扣，如图9-31所示。
③用小规格一字螺丝刀拆下橡胶护罩，如图9-32所示。

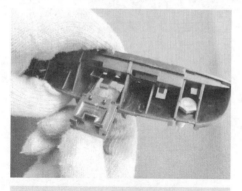

图9-29 取下触发开关

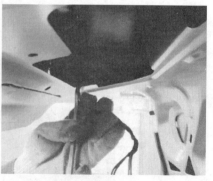

图9-30 拆下线束固定卡扣

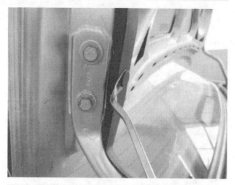

图9-31 拆下橡胶护罩固定卡扣

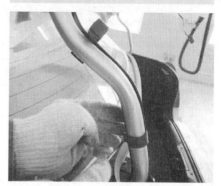

图9-32 拆下橡胶护罩

④取下线束橡胶圈,如图9-33所示。
⑤慢慢拉出线束,如图9-34所示。

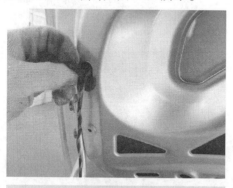

图9-33 取下线束橡胶圈

图9-34 慢慢拉出线束

(5)拆卸行李舱盖镀铬装饰条。
①用T20螺丝刀拆下行李舱盖镀铬装饰条固定螺钉共2个,如图9-35所示。
②用塑料卡扣拆卸器依次小心地撬开固定卡扣,取下行李舱盖镀铬装饰条,如图9-36所示。
(6)拆卸行李舱盖总成。
①用小棘轮扳手配上接杆和13mm套筒拆卸行李舱盖固定螺栓共4个,如图9-37所示。

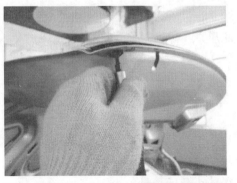
图9-35 拆下固定螺钉

图9-36 小心地撬开固定卡扣

图9-37 拆卸固定螺栓

小提示

为了标记行李舱盖的原始安装位置,可将铰链侧面接触行李舱盖的位置周围划出定位标记。可能的话,还需将铰链在车身上的安装位置做上标记。在重新安装时,可以利用这些标记大致调整铰链和行李舱盖,节约维修时间。

②两人相互协作,取下行李舱盖总成。

引导问题9　怎样正确排除行李舱盖锁无法开启的故障?

如果行李舱盖锁出现无法开启或开启困难的故障,可能的故障原因主要有:熔断丝熔断、行李舱盖锁机械故障及电动机故障、外开启手柄的触发开关故障或相关电路出现断路故障。排除故障时应按下列步骤依次进行:

首先观察连接行李舱盖锁相关电路的熔断丝是否完好,如果发现熔断丝已熔断则更换相同规格的熔断丝;接着排除行李舱盖锁本身的故障,检查行李舱盖锁卡板及卡板弹簧复位是否良好,有无异物阻挡,或者听听电动机有无电流流过时发出的"嗞滋"声,若有异常,则清洁、润滑或更换行李舱盖锁；然后用万用表查看外开启手柄的触发开关或相关电路的电阻及电压的情况是否属于正常，若有异常，则更换触发开关或排除相关电路故障。

引导问题10 怎样规范地安装发动机罩及行李舱盖？

1 安装发动机罩

（1）两人相互协作，将发动机罩总成按照之前的定位标记固定在发动机罩铰链上。
（2）依次安装发动机罩密封条、可调式橡胶缓冲块及后密封条。
（3）安装发动机罩镀铬装饰条。

> 安装发动机罩镀铬装饰条之前应该充分清洁安装部位，另外对新的发动机罩镀铬装饰条要进行适当预热，目的是使双面胶带的黏结性加强，使其更加牢固。

（4）发动机罩的调整。在大多数汽车上，发动机罩是最大的可调节板件。可以在铰链、可调橡胶缓冲块和发动机罩锁扣处对其进行调整。

①发动机罩到铰链的调整。调整发动机罩时，把发动机罩固定到铰链的螺栓稍微松开一些。调整期间，将螺栓保持足够紧以固定住发动机罩，但又要足够松以便移动发动机罩。

关上发动机罩，正确地进行调试。用手移动发动机罩，直到其所有侧面周围的间隙相等。小心地将发动机罩抬起足够高，以便另一位技师拧紧螺栓。发动机罩的前部必须与前翼子板的前部以及发动机罩前方的所有板件对齐。确保发动机罩和前围板之间的间隙足够大，使发动机罩在抬起时不会擦伤前围板。如果不能将前翼子板和发动机罩之间的间隙调整正确，那么可能是前翼子板位置不正确。

②发动机罩的高度调节。为了在发动机罩的后部修正其上下位置，将把铰链固定到车身上的螺栓稍稍松开一些。然后，慢慢地关上发动机罩，根据需要升高或降低发动机罩的后缘。当后部与相邻的前翼子板和前围板平齐时，打开发动机罩，拧紧螺栓。

一旦发动机罩的后部调整到正确高度，必须检查可调橡胶缓冲块。后部的缓冲块必须调整到轻轻地抵住发动机罩，这样可以消除发动机罩的移动和振动。前部缓冲块控制着发动机罩前部的高度。顺时针或逆时针转动橡胶缓冲块，直到发动机罩的前部与前翼子板的顶部平齐。

> 安装上发动机罩后第一次关闭时要格外小心，绝不能猛地向下关上发动机罩。慢慢地降下发动机罩，确保它不会撞到前翼子板。如果发动机罩没有正确对准，那么很容易损坏其他部件或漆面。

③发动机罩锁的调整。

调整好发动机罩的高度和位置之后,检查发动机罩是否能正常锁上。发动机罩锁的调整决定了锁扣和锁体机械装置接合得好不好。在发动机罩对正且调整到正确高度的情况下,发动机罩锁能正确关闭。

一边慢慢放下发动机罩,一边查看锁扣是否自动在锁体中对正。当发动机罩与锁扣接合后,发动机罩不应左右偏转。如果发动机罩在关闭后向一旁偏移,则根据需要左右移动发动机罩锁。

发动机罩关闭后还应轻轻压在前部橡胶缓冲块上,这可以防止发动机罩上下跳振。记住,如果必须猛地用力放下发动机罩才能接合锁扣,那么需要升高锁体。如果发动机罩在锁上后上下移动,则要降低锁。

小 提 示

调整完发动机罩后必须拧紧所有的螺栓,以防汽车在高速行驶时发动机罩向后翻起引发事故。另外,为了达到美观统一,还需用专用塞尺对其间隙进行检查(图9-38),使其调整后的间隙偏差等符合"车身维修手册"中的相关要求。

(5)安装前风窗玻璃洗涤喷嘴及软管。
(6)开闭发动机罩检查各连接部件工作是否正常,如图9-39所示。
(7)清理工具,清洁工位(图1-56)。

2 安装行李舱盖

(1)两人相互协作,将行李舱盖总成按照之前的定位标记固定在铰链上。
(2)按电气线路原有的走势,将电气线路布置好并固定牢固。
(3)装上垫圈,安装橡胶护罩。

图9-38 用专用塞尺检查配合间隙

图9-39 检查发动机罩开闭是否灵活自如

(4)安装行李舱盖外开启手柄并接上插头。

(5)安装行李舱盖锁并接上插头。
(6)安装隔声垫及可调式橡胶缓冲块。
(7)安装行李舱盖镀铬装饰条。
(8)行李舱盖的调整(方法同发动机罩的调整),使其上表面与左右翼子板平齐、间隙均匀一致,如图9-40、图9-41所示。

图9-40 调整与左右翼子板平齐

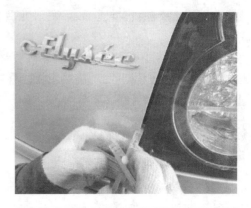

图9-41 用专用塞尺检查配合间隙

(9)按规定的位置粘贴后标识,如图9-42所示。

小 提 示

粘贴后标识之前,首先应该参照汽车维修手册确定其安装位置,然后充分清洁粘贴部位,另外对新的后标识要进行适当预热,目的是使双面胶带的黏结性加强,使其更加牢固。

(10)对行李舱盖进行淋水试验检查其密封性。
(11)清理工具,清洁工位,如图9-43所示。

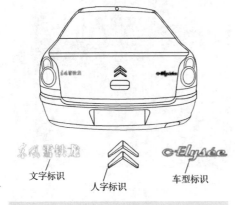

图9-42 粘贴后标识

图9-43 清洁工位

小 提 示

良好的工作环境能使人们感到愉悦,也有利于安全操作和提高工作效率。

三、评价与反馈

1. 对本学习任务进行评价,见表9-1。

评 分 表　　　　　　　　表9-1

考核项目	评分标准	分　数	学生自评	小组评价	教师评价	小　计
团队合作	是否和谐	5				
活动参与	是否积极主动	5				
任务方案	是否正确、合理	15				
安全生产	有无安全隐患	10				
操作过程	(1)是否做了作业前的准备工作; (2)发动机罩及行李舱盖的拆卸过程是否规范; (3)行李舱盖锁故障检测工艺流程是否正确; (4)发动机罩及行李舱盖的安装过程是否规范	30				
任务完成情况	是否圆满完成	5				
工具使用情况	是否规范标准	10				
劳动纪律	是否能严格遵守	5				
现场5S管理	是否做到	10				
工单填写	是否完整、规范	5				
总　　分		100				
教师签名:			年　月　日		得分:	

2. 能否向车主解释行李舱盖锁故障诊断及排除的过程? 如不能,分析原因并提出改进措施。

四、学习拓展

1. 查阅资料,了解东风雪铁龙世嘉车型发动机罩的基本构造和更换方法。

2. 查阅资料,了解东风雪铁龙 C5 轿车的行李舱盖翻转角度的调整方法。

学习任务十

车门面板的更换

学习目标

完成本学习任务后,你应当能:
1. 叙述车门的功能及种类;
2. 熟悉车门内部构件;
3. 熟练地使用车门拆装工具及设备;
4. 规范的拆卸车门面板;
5. 规范地安装车门面板;
6. 熟练地调整车门间隙。

 建议完成本学习任务的时间为 18 课时。

 学习任务描述

一辆 2010 款爱丽舍 1.6L 轿车,车主反映:前右车门被撞击,面板损伤严重。请运用相关知识对车门面板进行修复。

 学习内容

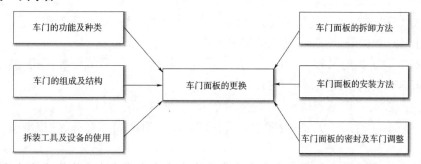

学习任务十 车门面板的更换

一、资料收集

引导问题1 车门的功能及结构要求是什么？车门的种类有哪些？

1 车门的结构要求

车门是车身侧围的重要组成部分，是供乘客或货物进出的必要通道。轿车车门在制造和维修后均要满足下列要求：

(1) 车门开启时应保证乘客上下方便。
(2) 车门开启过程中不应与车身其他部位发生位置干扰。
(3) 车门关闭时，要锁止可靠、安全、行车中不会自动打开。
(4) 车门机构操纵要方便，包括开关车门自如、玻璃升降轻便等。
(5) 应具有良好的密封性能。
(6) 具有较大的透光面，满足侧向视野要求。
(7) 门体应具有足够的强度和刚度，保证车门工作可靠，减少车门部分振动，能提高车辆侧向碰撞的安全性能。
(8) 有良好的车门制造、装配工艺性。
(9) 造型上应与整车协调一致，包括外表面形状、覆盖件的分块、门缝设计和内饰。

2 车门结构类型及特点

车门有驾驶人门、乘客门和安全门之分。在类型上车门有两种：包框车门和硬顶车门。

包框车门用金属框架包住车门玻璃的侧面和顶部。这种车门有助于保持车窗玻璃对正，门框抵住车门开口进行密封。现在车辆一般都应用包框车门。

硬顶车门上的玻璃可以从车门中升出，四周没有框架包裹。玻璃必须依靠自身与车门开口上的密封条进行密封。

车门在结构上形式很多，大体可分为五种，如图10-1所示。

(1) 旋转门：按开启方式分向前开的顺气门和向后开的逆气门。特点：顺气门有顺行车气流自动关闭车门的趋势，且便于驾驶人倒车时向后观察，被广泛用于驾驶人门。逆气门一般是为了上、下方便或适应迎接礼仪的需要才被采用。

(2) 推拉门：推拉门又称水平移动式门。特点：推拉门在车身侧壁与障碍物距离较小的情况下仍能全部开启。商用车乘客门采用较多。

(3) 上掀式门：广泛用于轿车、轻型商用车、救护车等车的后门。

(4) 折叠门：主要用于大、中型客车的乘客门。车门有四扇双开门、双扇双开门、双扇单开门。

(5) 外摆式门：外摆式门即门扇开启先向外顶出再向旁边摆开。现在已广泛用于大、中型客车及旅游客车的乘客门上。

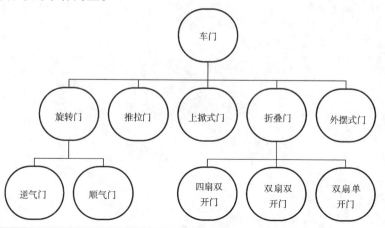

图 10-1　车门结构类型

引导问题2　车门安装位置在哪？

图 10-2 所示为 2010 款爱丽舍轿车前、后车门，车门是依靠车门前侧两个隐蔽式布置方式的铰链支承在门框上，并实现车门开闭旋转运动。

图 10-2　前、后车门

引导问题3　车门主体结构及车门的组成是怎样的？

1 车门主体结构

2010 款爱丽舍轿车前车门主体结构如图 10-3 所示。

2 车门的组成

轿车车门一般由门体、车门附件和内饰盖板三部分组成。图 10-4 所示为构成车门的主要零部件。

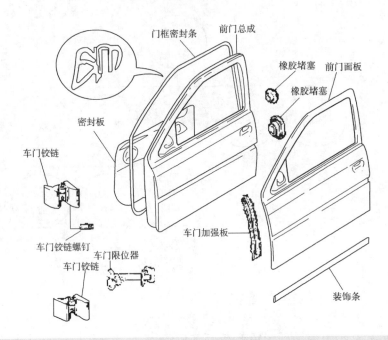

图 10-3　前车门主体结构

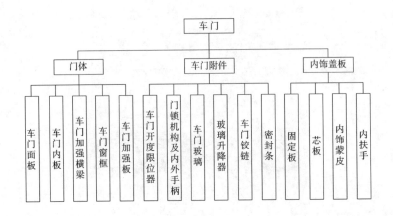

图 10-4　构成车门的主要零部件

引导问题4　车门面板更换的工艺流程是怎样的？

　　车门面板经检查损坏严重，撞击处加工硬化程度较高，从面板背面修理困难较大，通过敲击或拉拔整形所需时间较长，则可直接更换面板。图 10-5 所示为 2010 款爱丽舍轿车车门面板更换工艺流程图。

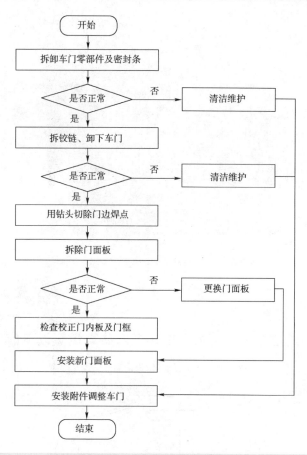

图10-5 车门面板更换工艺流程图

二、实 施 作 业

引导问题5 作业需要哪些工具、设备和材料？

（1）车门附件拆装工具：裁纸刀、接杆、T30接头、T20螺丝刀、塑料卡扣拆卸器、小棘轮扳手、10mm套筒、5.5mm套筒、小规格一字螺丝刀，如图10-6所示。

（2）车门面板拆卸工具及设备：划针、钢直尺、铲刀、手锯、气动切割锯、气动磨削机、样冲、锤子、手电钻、7mm钻头、气动焊点转除钻、手砂轮等。

（3）车门面板安装工具、设备及材料：大力钳、手砂轮、钣金锉、折边钳、CO_2气体保护焊机和焊接台、点焊机、黏合剂及气动枪。

（4）脚垫、转向盘套、座椅套、变速杆手柄套、驻车制动器操纵杆套、干净抹布。

（5）车门面板、辅料等。

（6）爱丽舍轿车车身维修手册。

学习任务十　车门面板的更换

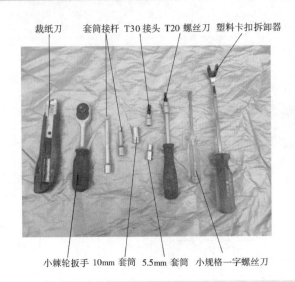

图 10-6　拆装工具

引导问题 6　通过查询和查找（图 10-7），认真填写以下信息。

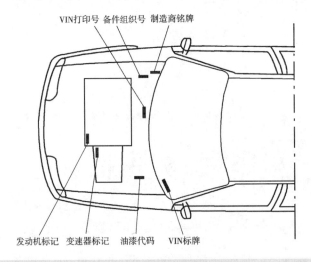

图 10-7　2010 款爱丽舍轿车各标识位置

生产年份_____，车牌号码_____，行驶里程_____，发动机型号及排量_____，备件组织号_____，油漆代码_____，车辆识别代码（VIN）_____。

引导问题 7　作业前的准备工作有哪些？

（1）车辆进入修理工位前，将工位清理干净，准备好相关的工具和材料（图 1-14）。

(2)将车辆停驻在修理工位上。

(3)将变速杆置于空挡或驻车挡(P挡);拉起驻车制动器操纵杆(图1-16、图1-17)。

(4)套上转向盘套、座椅套、变速杆手柄套、驻车制动器操纵杆套,铺设脚垫(图1-18~图1-22)。

(5)个人防护:操作前应做好个人防护工作(图1-30~图1-38)。

引导问题8 怎样规范的拆卸车门面板?

损伤的车门面板经检查后确定更换。更换前必须把车门上所有的零部件按一定的顺序,规范的拆卸下来,经维护、修理集中存放,以备后续顺利安装。其拆卸顺序是:

(1)拆卸外后视镜(外后视镜的拆卸在前面章节已作详细描述,这里不再赘述)。

(2)拆卸车门内饰板(车门内饰板的拆卸在前面章节已作详细描述,这里不再赘述)。

(3)拆卸车门玻璃及玻璃升降器,如图10-8~图10-10所示。

(4)拆除车门锁体机构(车门锁体机构的拆卸在前面章节已作详细描述,这里不再赘述)。

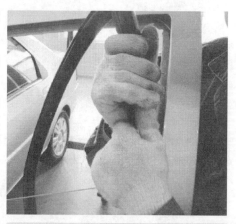

图10-8 取下玻璃导槽

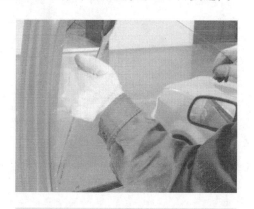

图10-9 取出车门玻璃

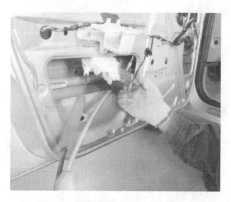

图10-10 取出玻璃升降器

小提示

车门附件较多,为了防止在拆卸、修理过程中丢失附件,请准备一个容器,将所拆卸的附件放在容器内,必要时还可贴上标记,便于以后顺利安装。

(5)拆下车门总成,如图10-11~图10-15所示。

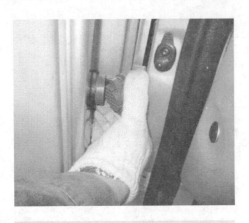
图 10-11 旋开车门插头

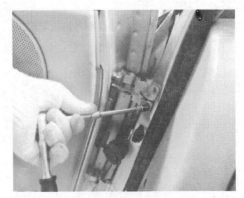
图 10-12 拆卸车门开度限位器

图 10-13 取出车门开度限位器

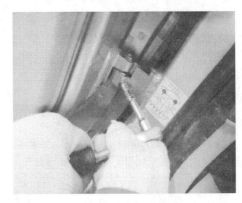
图 10-14 松动车门铰链紧固螺钉

小 提 示

在车门拆下前,请用移动式千斤顶支撑车门重量,并在车门和千斤顶之间,安放护罩、抹布;也可安排另外一人托住车门,并将车门移开,防止车门突然掉下伤人。

(6)拆卸车门面板。

①车门从车上卸下后,放到工作台上,工作台面需垫上一层橡胶板,防止划伤车门。仔细检查车门面板损伤情况,划出切割线,便于切割锯切割,如图10-16所示。

小 提 示

仔细检查面板损伤情况,如面板窗框部分没有损伤,可以通过气动切割锯切割保留,采取局部更换的工艺方法可以减小操作难度、节省时间,如图10-17、图10-18所示。

图10-15 拆下车门总成

图10-16 划出切割线

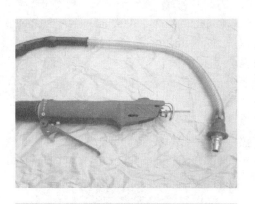
图10-17 气动切割锯

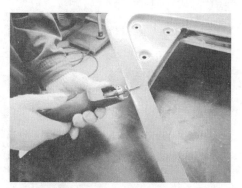
图10-18 切割面板

②切割完后，把车门内面朝上，用铲刀、钢丝刷、气动磨削锯等清除内板和面板卷边接口边缘上的油漆、密封黏合剂，如图10-19、图10-20所示。

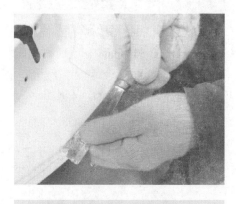
图10-19 用铲刀除掉密封黏合剂

图10-20 用气动磨削机打磨

③在车门内板与面板连接处，找出全部原始焊点，并在焊点的中心打上样冲眼，去除焊点，如图10-21～图10-23所示。

学习任务十　车门面板的更换

图 10-21　在焊点上打样冲眼

图 10-22　安装三尖钻头

小提示

为了安全、快速、高质量用手电钻切除焊点，必须要把麻花钻头刃磨成三尖钻头。在钻孔切割时，一定要准确地切掉焊点，避免产生过大的孔，要限制钻头的行程量，在钻透第一层板料后不会损坏到车门内板的板件，如图 10-24 ~ 图 10-26 所示。

图 10-23　用手电钻切除焊点

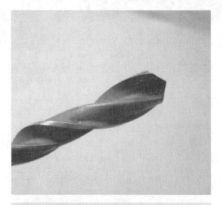

图 10-24　刃磨前的麻花钻头

切除焊点通常也采用气动焊点转除钻，如图 10-27 ~ 图 10-30 所示。

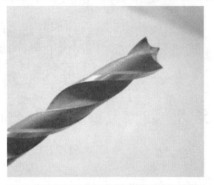

图 10-25　刃磨后的三尖钻头

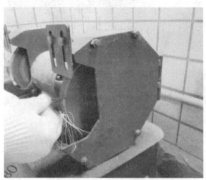

图 10-26　刃磨钻头

图10-27 气动焊点转除钻

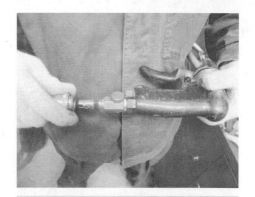

图10-28 用快速接头连接气管

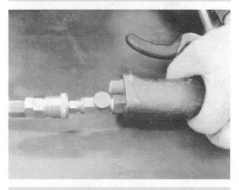

图10-29 检查气管密封性

图10-30 用气动焊点转除钻清除焊点

使用气动焊点转除钻前要根据钢板的厚度，调整钻头进给量，避免切割时损伤到内面板料。

④拆除车门面板。可采取用手砂轮直接磨掉面板凸缘的折边，只需磨掉足够的金属面板就能把凸缘分离出来，如图10-31~图10-33所示。

图10-31 磨掉凸缘的折边

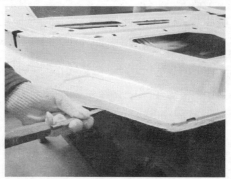

图10-32 松开两块面板

小 提 示

磨削过程中,不要磨削到门框板件,绝对不能动用焊炬或动力錾子去分离面板,否则会把内板切割或变形。

⑤在移开车门面板的同时,仔细检查车门内板和窗框结构是否损坏,如有凹痕、歪曲,可用锤子或顶铁进行校正损坏部分,如图10-34所示。

图10-33 取出损坏的面板

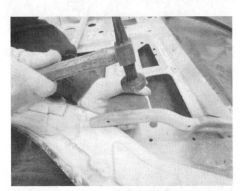

图10-34 校正车门加强板

引导问题9 怎样规范的安装车门面板?

车门窗框和内板经校正检查合格后,准备安装新面板,安装新面板的具体步骤如下。

1 新车门面板定位及涂铁锈处理剂

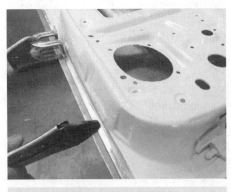

图10-35 新车门面板定位

(1)安装前,在裸露的金属焊缝区域用打磨机把残留的油漆打磨干净,吹去铁锈,擦抹干净,确定折边尺寸,准确对位,再用大力钳将新面板固定在门框上,如图10-35所示。

(2)然后将防锈底漆或厂商推荐的其他铁锈处理剂涂在裸露的金属上,导电锌喷剂是厂商推荐的铁锈处理剂的一种,如图10-36、图10-37所示。

2 车门面板接头处 CO_2 气体保护焊的焊接

对新面板接头部位用 CO_2 气体保护焊进行焊接。其他焊点可参考相应车型维修信息中的详细说明及原有焊点,确定焊接的正确数量、布置和类型。具体车型的维修数据还会确定哪里需要使用焊接缝密封剂和防腐材料。

(1)CO_2 气体保护焊机及焊接参数的调节,如图10-38~图10-45所示。

图 10-36　导电锌喷剂

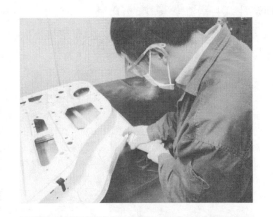

图 10-37　在裸露的金属上喷涂导电锌喷剂

图 10-38　CO_2 气体保护焊机和焊接台

图 10-39　打开 CO_2 气阀门

图 10-40　调节焊接速度

图 10-41　调节电弧电压

焊接速度不易过快和过慢，过快易产生咬边、未熔合等缺陷，过慢易产生烧穿焊件和变形增大。一般焊接速度在 15～40m/h。

电弧电压必须与电流配合恰当，其大小会影响到焊缝的成形、熔深、飞溅、气孔及电弧的稳定性。一般细丝焊接时,电弧电压为16~24V,粗丝焊接时,电弧压为25~36V。

CO_2 气的流量应根据焊接电流、焊接速度、焊丝伸出长度、喷嘴直径等调整。一般细丝焊接时为6~15L/mm,粗丝焊接时为20~30L/mm。

图10-42 调节 CO_2 气的流量

图10-43 焊机负极连接焊件

图10-44 剪掉过长的焊丝

图10-45 涂上防飞溅喷剂

剪掉过长的焊丝。焊丝伸出长度是指从导电嘴到焊丝端头的距离,一般等于焊丝直径的10倍,且不超过15mm。

为了防止飞溅物黏附在导电嘴上,焊前在导电嘴内外涂上防飞溅喷剂或硅油。

 小 提 示

焊接时要做好安全防护,穿好帆布工作服、戴好焊工手套,防止飞溅灼伤。CO_2 气体保护焊不仅在焊接中产生烟雾,而且还产生 CO、NO_2 等有害气体,应加强焊接场地通风。

(2)焊接新车门面板接缝,如图10-46所示。
(3)焊缝的处理,如图10-47~图10-49所示。

图 10-46 焊接新车门面板接缝

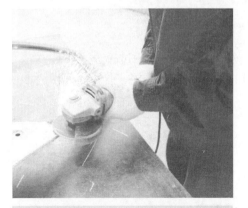

图 10-47 打磨处理焊缝

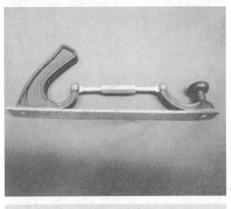

图 10-48 车身锉

图 10-49 锉削处理焊缝

3 折边连接

面板焊接和焊缝处理完后,将门内板面朝上平放在工作台上,用锤子和顶铁将面板的凸缘弯曲,用布带覆盖顶铁的表面以避免伤及面板。逐渐地弯曲折边。要小心地敲打面板边缘,不要使它超出基准直线。在面板的整个轮廓线中不能产生弯曲和皱纹,如图 10-50~图 10-52 所示。

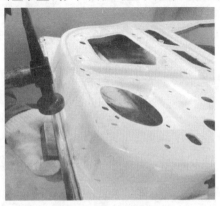

图 10-50 弯曲折边

图 10-51 修整折边处

4 电阻焊焊接

车门面板与门框通过折边连接后,需要在指定的部位进行电阻焊加固。因为电阻焊加热时间短、热量集中、变形小、速度快、成本低、操作简单并能获得较好的焊接质量。目前常用的电阻焊设备有固定式点焊机,如图10-53所示。

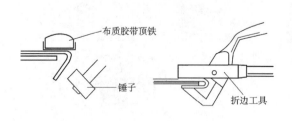

图 10-52 折边连接

图 10-53 固定式点焊机

在选择电流时,应控制在5000~6000A。焊接电流太大时焊件熔化过快,熔核来不及形成,导致飞溅产生,引起焊件烧毁;电流过小时,来不及形成熔核或核太小,焊点强度低,如图10-54、图10-55所示。

图 10-54 合上电源开关

图 10-55 选择电流大小

操作时,人体成站立姿势,面向电极,右脚向前跨半步踏在开关上,两手扶稳车门(还需要同事帮忙),如图10-56、图10-57所示。

小 提 示

焊件的清理、焊接电流的选择、通电时间、压力大小等因素都关系到电阻焊质量,在操作中要引起重视。

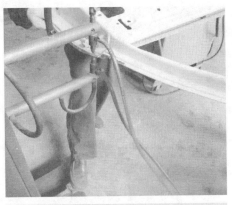

图 10-56　找准焊点预压

图 10-57　脚踏开关点焊

5 涂抹黏合剂

在车门面板安装完后，需要在折边的接头处涂上黏合剂。黏合剂一般由汽车制造商指定产品，主要是二合一环氧树脂黏合剂，有时也称为焊接黏合剂。主要是用来增加车身的强度和刚度，提高焊缝处的防腐能力，有助于控制噪声和振动，如图10-58～图10-64所示。

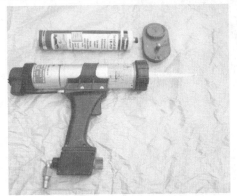

图 10-58　黏合剂和气动胶枪

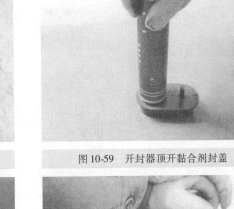

图 10-59　开封器顶开黏合剂封盖

图 10-60　取出干燥剂

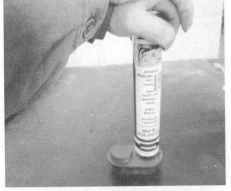

图 10-61　用开封器顶开黏合剂封口

学习任务十　车门面板的更换

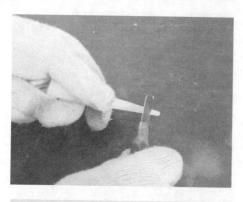

图10-62　呈60°切开导向出胶口

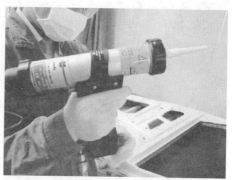

图10-63　调节气体流量大小

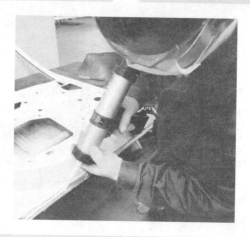

图10-64　涂抹黏合剂

小　提　示

　　车门面板更换完后再安装车门附件，并把车门安装在车身上，整个安装程序与拆卸顺序相反。

引导问题10　怎样规范地调整车门间隙？

1　检查车门间隙

　　车门安装完后，为了确保车门可以平顺地关闭并且不发出吱吱声或漏水、漏尘且外形整齐、美观，必须进行车门间隙的调整。

　　车门的间隙必须均匀整齐，车门安装后要与门框、相邻的车身板件对齐。如四门轿车需要调整时，由于后侧围板不能移动，所以要先调后门，且必须将后门调整到与车身轮廓线和门框适合。调整完后门，再调前门以适合后门，最后将前翼子板调整到适合前门。

把车门安装在车身上，以检查其匹配情况，是否准确闭合或锁住；板件间隙是否准确、大小一致，否则应卸下车门重新进行精确调整，如图10-65、图10-66所示。

图10-65　车门间隙

图10-66　专用车身间隙量尺测量间隙

2　车门铰链的调整

车门间隙过大或过小可通过专用校正铰链扳手来调节铰链达到规定的要求，如图10-67所示。

两车门间隙上宽、下窄用专用校正铰链扳手卡住铰链向下用力调整，如图10-68所示。

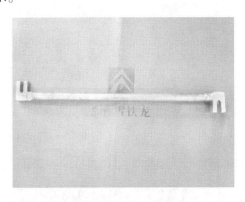

图10-67　专用校正铰链扳手

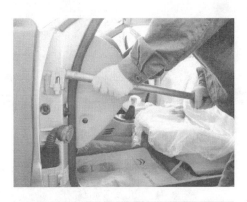

图10-68　车门铰链的调整

两车门间隙下宽、上窄用专用校正铰链扳手卡住铰链向上用力调整，如图10-69所示。

3　车门锁闩的调整

调整车门铰链后，装上车门，检查锁闩与锁扣的啮合，如出现摩擦或碰撞，两车门的平面高低不平，必须松开锁闩固定螺钉进行调整，如图10-70、图10-71所示。

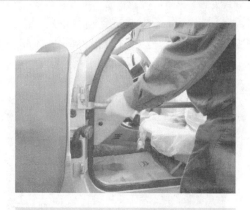
图10-69　车门铰链的调整

图10-70　拆卸车门锁闩固定螺钉

小　提　示

锁闩上两个固定螺母是在一块钢板上钻孔攻丝制成,并包在一个金属薄板制成的"笼"内,可以朝各个方向移动,主要方便调节车门间隙。当车门关闭后,上锁使锁扣与锁闩平顺啮合。如车门被迫向上或向下,那么根据需要向上或向下调整锁闩。如果车门关的过浅或过深,则根据需要向里或向外调整锁闩,如图10-72所示。

图10-71　车门锁闩固定螺母

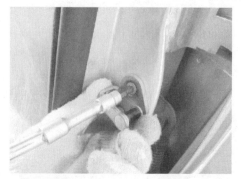
图10-72　车门锁闩初步固定

锁闩初步固定后,平顺的关闭车门,检查车门处于完全上锁位置后,门锁锁扣与锁闩上下间隙大小适中,无明显的摩擦阻力,平顺啮合,最后再拧紧门闩紧固螺钉,如图10-73～图10-76所示。

④ 清理工具和清洁工位

清理工具,清洁工位,如图10-77所示。

图 10-73 锁闩与锁扣啮合

图 10-74 固定锁闩螺钉

图 10-75 检查两车门面板平齐

图 10-76 侧身目测两车门面板平齐

图 10-77 清洁工位

小提示

良好的工作环境能使人们感到愉悦,也有利于安全操作和提高工作效率。

三、评价与反馈

1. 对本学习内容进行评价,见表10-1。

评 分 表　　　　　　　　　　　表10-1

考核项目	评分标准	分　数	学生自评	小组评价	教师评价	小　计
团队合作	是否和谐	5				
活动参与	是否积极主动	5				
任务方案	是否正确、合理	15				
安全生产	有无安全隐患	10				
操作过程	(1)是否做了作业前的准备工作; (2)车门面板拆卸是否规范; (3)车门面板安装过程是否规范; (4)车门间隙调整、检测工艺过程是否正确	30				
任务完成情况	是否圆满完成	5				
工具使用情况	是否规范标准	10				
劳动纪律	是否能严格遵守	5				
现场5S管理	是否做到	10				
工单填写	是否完整、规范	5				
总　　分		100				
教师签名:			年　　月　　日		得分:	

2. 你在更换车门面板过程中,针对规范操作程序,分析查找还存在哪些不足,原因何在并提出改进措施。

四、学习拓展

1. 查阅资料或实际观察,了解发动机盖和行李舱盖的基本构造,并能拆卸、修复其面板。

2. 查阅资料,了解推拉式车门的结构,并能完成拆卸和更换其面板、间隙的调整等工艺操作。

学习任务十一

车身板件局部变形损伤的修复

学习目标

完成本学习任务后,你应当能:
1. 熟悉车身板件修复的基本工艺过程;
2. 了解车身金属材料的特点及维修要求;
3. 正确分析变形区,并根据变形特点制定修复程序;
4. 掌握车身板件修复的基本原则;
5. 掌握车身板件基本维修工具、设备的使用方法;
6. 掌握车身板件变形的基本维修方法。

 建议完成本学习任务的时间为 24 课时。

 学习任务描述

　　一辆爱丽舍轿车在行驶过程中发生侧面碰撞,造成车门产生局部凹陷变形,需要你对变形部位进行修复。

 学习内容

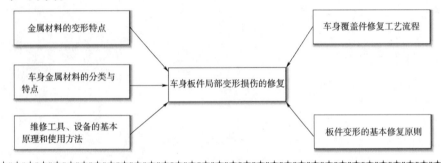

一、资料收集

引导问题1 车身板件修复的基本工艺流程是怎样的？

车的基本作用是提高运输效率，这一作用只有在运行中才能得以体现，用车的过程难免会发生碰撞事故，而车辆不是一次性使用的物品，车身板件变形以后，要根据变形部位、变形程度及影响范围来确定如何进行维修。

车身覆盖件的维修重点主要是板件的尺寸及平面度，较小的变形通常采用整形的方法来维修，如果变形范围较大或变形程度比较严重，甚至是特殊材料制造的板件，一般不进行修复而采取更换的方法维修。图 11-1 所示为车身板件变形损伤的修复工艺流程。

引导问题2 用于制造车身的金属材料有哪些？各种材料的特点及维修要求如何？

金属材料的种类很多，不同的材料有不同的特性，加工时必须区别对待，采用不同的方法才能达到事半功倍的效果。用于制造车身的金属材料主要有钢材和铝材两大类。

1 钢材

作为传统车身材料，有多种分类方法，按强度使用可作如下分类。

① 低碳钢

低碳钢含碳量低，材料较软容易加工，在进行冷加工、热收缩、焊接等操作时，其强度不会发生较大改变。因为材料的强度较低容易产生变形，必须采用较厚的材料才能使结构达到一定的使用强度要求，这样就增加了车身的质量，不利于节能，所以使用量在逐年降低，通常仅用于制造车身覆盖件。

② 高强度钢

高强度钢泛指强度高于低碳钢的各种钢材。通过在低碳钢中加入不同合金元素来提高

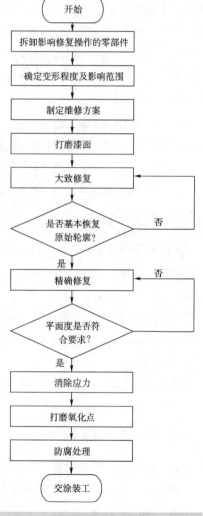

图 11-1 车身板件变形损伤的修复工艺流程

钢材的强度，某些高强度钢的抗拉强度超过450MPa，远远超过普通低碳钢的强度，在降低厚度的情况下还能满足车身强度要求，用于制造车身可使汽车的总质量得到有效控制，利于节能降耗及减少排放。高强度钢板受力后不易变形，但如果外力足够大时，变形后的板件比一般钢板更难以修复。消除应力和热收缩时对温度有严格限制，通常允许加热的温度不超过200℃。一般用于制造车身结构件及主要承力覆盖件。

③ 超高强度钢

通过在普通碳钢中加入合金元素或同时进行热处理，使金属获得细化的晶粒组织，使钢材的强度和刚性大幅提高，某些超高强度钢的抗拉强度可达到1300~1400MPa。由于此类钢材硬度非常高，在常温下采用常规修复方法无法对其进行校正，加热又会使细化的晶粒组织变得粗大，从而降低钢材的强度，因此用超高强度钢板制造的构件发生变形后必须整体更换，并且更换时不允许使用高温焊接方式。一般用于制造车身中部防撞部件。

④ 镀锌钢板

车身的使用环境是非常恶劣的，高温及湿度都会加速车身钢板的腐蚀，在钢板的表面镀锌以后，能改善钢板的防腐性能，根据使用部位及防腐要求的不同，车身上使用的镀锌钢板有单面镀锌板和双面镀锌板。东风雪铁龙车身维修工艺要求：维修过程中被破坏的板面镀锌层，在板件维修完毕以后必须重新镀锌。

2 铝材

铝材是轻金属材料，采用铝材制造车身可降低车身质量的20%~30%，利于节能降耗及减少排放。铝材容易被氧化，但表层氧化物能阻止金属内部继续氧化，因此，铝是一种防腐性能很好的金属材料。铝材的塑性良好，便于加工成形，当铝质车身部件受到外力时能产生大量的变形，从而吸收更多的撞击能量，能有效降低碰撞力对车内乘员的影响。一般用于制造车身吸能部件，少量车型已经开始采用全铝车身。

引导问题3 ▶ 金属材料的变形有哪些特点？

1 金属的内部结构

几乎所有金属都是晶体，即原子按照一定规律有序排列而形成的物质，钢材是由铁和其他合金原子按照一定排列形式组成的晶体组织。

2 金属的变形

金属在外力的作用下，其内部原子发生移动，晶格（晶粒）的位置和形状发生了改变，如图11-2所示。外力消除以后，移动距离较小的原子可能会回复到原始位置，而移动距离较大的原子会在新的位置产生新的平衡。因此，外力消除后，金属材料可能恢复到原来的形状，也可能不能恢复到原来的形状。

3 变形的分类

按金属材料所受外力的大小和原子回复情况,将变形分为以下两类:

(1)弹性变形:随外力的作用而产生,随外力的去除而消失的变形。

(2)塑性变形:外力去除后不能完全恢复原状的变形。

同一区域内弹性变形和塑性变形同时存在,且弹性变形是随着塑性变形的产生而产生,应按照变形特征加以区分。在修复车身钢板变形时,通常可以简单地将钢板表面明显的折损痕迹称为塑性变形,而将其周边没有明显折损痕迹的大范围凹陷称为弹性变形。

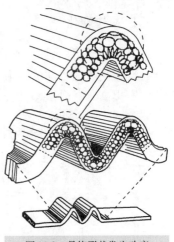

图11-2 晶格形状发生改变

板件受外力产生变形的过程,以及修复时的反复锤打也会使板件产生塑性变形,这些都会造成板件厚度和表面面积发生改变,使板件修平后出现延展拱曲,甚至会改变钢板的力学性能。

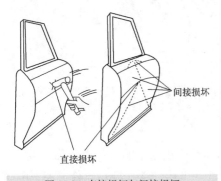

图11-3 直接损坏与间接损坏

为便于观察和区分损坏类型,制定合理的修复流程,避免在修复过程中产生更多人为损伤而增加修复难度,在此将变形区域以另一种方式加以区分,如图11-3所示。

直接损坏:指直接撞击部位发生的损坏,通常占所有损坏的10%~20%。

间接损坏:外力通过直接撞击点在车身结构中继续传递所产生的损坏,通常占所有损坏的80%~90%。

和弹性变形与塑性变形之间的关系类似,直接损坏与间接损坏之间也有着一定的因果关系,因为存在于同一变形区域,彼此之间互有影响,但影响的程度却不相同,如果在维修过程中不按照一定的顺序进行操作,往往会将板件越修越差,甚至导致报废。

4 冷作硬化

冷作硬化又称为加工硬化。金属发生塑性变形时，众多原子的错位，使原子间的密度发生改变，提高了原子间的阻力，使变形部位变硬。随着变形程度的增加，变形部位金属的强度、硬度提高，而韧性、塑性会有一定程度的降低。

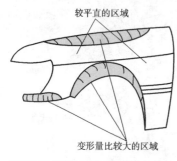

图11-4 翼子板的冷作硬化区域

冲压成形以前的钢板是平直的，其内部原子排列是均匀的，各部位的硬度也可看作是一致的。将平直的钢板经过冲压成形以后，由于各部位的变形程度不一致，导致各部位的强度和硬度也变得不同。

如图11-4所示，将翼子板分为两个区域来观察：1区为冲压成形后较平直的区域，2区为冲压成形时变形量比较大的区域，也是硬化程度更高的部分。没有加工硬化的部位较容易发生变形，产生加工硬化的部位在受到外力作用时难以发生变形，而一旦发生了变形就更难以修复。在修复板件变形时，需充分考虑板件各部分硬化程度，根据变形前及变形后的形状判断不同变形对周边的影响，确定合理的修复程序。

同一变形区域内硬化部位对平整部位的影响更大，在修复过程中应采取正确的校正程序，以免对未受损部位造成人为损坏。

引导问题4 修复车身板件时应遵循哪些基本原则？

修复板件变形损伤时，应遵循下列基本原则：

（1）先大致修复变形量大的直接损坏，减少直接损坏对周边的影响。如直接损坏变形量不大，且变形区对周边板件影响较小时，应由外向内先修复间接损坏区域，再修复直接损坏区域。

（2）先修复原有加工硬化区域产生的新的变形，再修复一般平整区域产生的变形。

（3）先修复塑性变形部分，相关弹性变形会随之消失。

（4）先作整体的大致修复，再逐步作精确修复。

因为碰撞产生的变形多种多样，在分析变形时，上述方法不分先后，在制定维修程序与实际维修过程中也应综合考虑，视具体损坏情况灵活运用。

二、实施作业

引导问题5 作业需要哪些工具、设备和材料？

1 工具

工具包括锤子、顶铁、撬棍、匙形铁、克子、打磨工具。

(1) 锤子：手工敲打工具，为板件整形提供外力，有多种类型供不同需要。

①木锤、橡胶锤和软面锤：提供较柔和的锤击而不易损伤漆面，常与吸盘相配合，用于修复大范围的轻微塑性变形，软面锤是两面可拆卸的橡胶锤面的金属锤，可提供力度较大的柔和锤击，常用于镀铬板件轻微变形的修复，如图11-5所示。

②冲击锤：有圆形或方形的近似平面的大锤面，用于较严重变形的初步成形，如图11-6所示。使用时可根据板件变形程度选择不同质量的冲击锤。

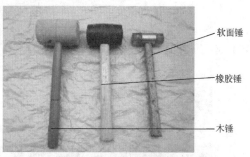

图11-5 木锤、橡胶锤和软面锤

③精修锤：锤面较小，稍带弧度，用于板件的最终修复成形，如图11-7所示。

图11-6 冲击锤

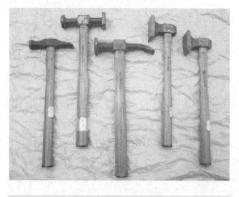

图11-7 精修锤

④收缩锤：图11-8所示为收缩锤，方形锤面被制作出纵横交错的沟槽，敲打板件时，锤面沟槽处不受力，锤面与板件接触面被分散，锤击时受力的金属被挤压至沟槽处，可有效避免板件被锤打过多而延展。

(2) 顶铁：小型铁砧，校正板件时顶在板件背面，配合手锤对钣金进行整形，有多种形状，应按照变形部位的原始轮廓选用合适形状的顶铁，如图11-9所示。

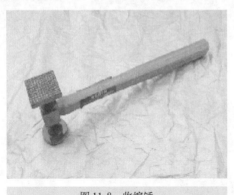

图11-8 收缩锤

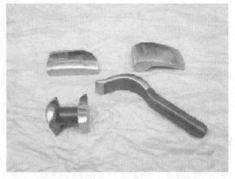

图11-9 顶铁

(3)撬棍:进入窄小的空间撬起凹点,有多种类型供不同需要,通常根据实际使用需要自制,如图11-10和图11-11所示。有些没有损伤漆面的轻微凹陷变形,用撬杠小心地修复后,可以不用喷漆(微钣金快速修复),如图11-12和图11-13所示。

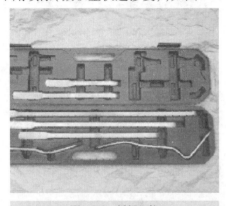

图11-10 撬棍组件

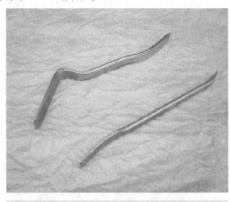

图11-11 不同形状的撬棍

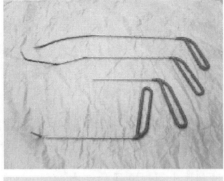

图11-12 微钣金撬棍

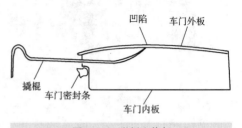

图11-13 微钣金修复

(4)匙形铁:作用类似锤子和垫铁,可直接用于敲打和垫托(撬拨),有多种形状和尺寸,如图11-14所示。敲打大面积凸起变形时,可将敲击力分布到较大的接触面上,避免板件被打薄产生过多的延展。

(5)克子:又称打板,刃口较钝,有各种形状,通常用厚钢板自制,如图11-15所示。配合手锤敲击,用于修复筋线部位的变形。

图 11-14　匙形铁

图 11-15　克子

（6）吹尘气枪：用于清理打磨产生的灰尘,如图 11-16 所示。在金属收缩环节提供高压空气,能加速钢板收缩。

（7）打磨工具：用于磨除金属或板面漆层。

①盘式打磨机：如图 11-17 所示,配合不同粒度的砂纸,可磨除板面漆层或金属板面修复后留下的氧化点。

图 11-16　吹尘气枪

图 11-17　盘式打磨机

②带式打磨机：如图 11-18 所示,用于打磨小范围的凹陷部位。

③车身锉：可适当调整弧度的大平板锉,如图 11-19 所示,用于锉平面积较大的平面,在已经敲打成形的板件表面,车身锉可以显现出任何需要继续敲打的不平面,如图 11-20 所示。

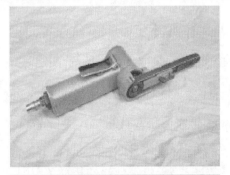

图 11-18　带式打磨机

图 11-19　车身锉

④平板锉:用于打磨点焊介子上的焊疤,如图11-21所示。焊疤及其表面的氧化皮会影响介子与板件之间的焊接牢固度。

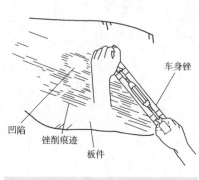

图11-20　车身锉使用原理

图11-21　打磨点焊介子

2 设备

设备:车身外形修复机。车身外形修复机又称为介子修复机,不同厂家生产的设备外形会有一定差异,但基本配置和功能都是相似的,如图11-22所示。其主要作用是修复薄板的变形,采用不同的连接方式(介质),将滑锤轴拔器连接到车身板件的凹陷部位,反向拉拔轴拔器上的滑锤产生反向冲击力,同时以锤子敲击周围凸起部位,直至拉起凹坑。

介质修复机一般会提供多种连接方式,通过更换连接头可实现不同类型变形的修复。利用碳棒加热板件可实现金属收缩。

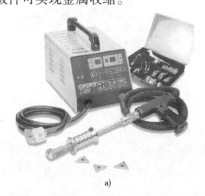

a)

b)

图11-22　不同厂家的介子修复机产品

(1)拉钩:如图11-23所示,将拉钩安装在轴拔器前端,如图11-24所示,使用时直接钩住板件边缘处的变形部位进行拉拔,或利用修复机的电阻介子焊功能,在凹陷部位点焊平垫圈,用拉钩钩住平垫圈进行拉拔。适合在大范围变形部位点焊多个平垫圈,如图11-25所示,对每个平垫圈进行多次拉拔,交替拉拔可分散板件受力状态,如图11-26所示。

(2)三角垫片:将三角垫片安装在轴拔器前端,如图11-27所示,点焊枪安装在轴拔器后端,如图11-28所示。利用修复机的电阻介子焊功能,将三角垫片点焊在板件凹陷部位,拉动轴拔器上的滑锤进行单点拉拔,如图11-29所示。拉拔到需要高度时,旋转轴拔器即可断开焊点。

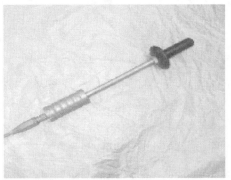

图11-23　安装拉钩的轴拔器

图11-24　安装平垫圈点焊头

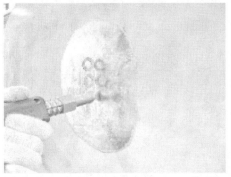

图11-25　点焊多个平垫圈

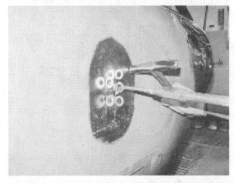

图11-26　多点交替拉拔

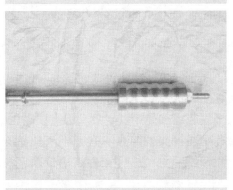

图11-27　安装三角垫片的轴拔器

图11-28　在轴拔器后端安装点焊枪

（3）吸盘：将吸盘安装在轴拔器前端，如图11-30所示。使用时向后拉动轴拔器上的滑锤，利用吸盘的吸附力拉起凹陷面。此方法适用于修复面积较大但变形程度较小的凹陷。

（4）真空吸盘：如图11-31所示，使用专用的轴拔器，其中空拉杆与真空吸盘相通，后端连接高压空气管路。打开轴拔器尾端的高压空气开关后，真空吸盘产生负压吸附住板件变形部位，拉动轴拔器上的滑锤可拉起凹陷面。真空吸盘比一般橡胶吸盘的吸附力更大，此方法适用于修复面积大而且比较严重的凹陷。

（5）碳棒和压平头：一般介子修复机都配备了碳棒，利用碳棒可对金属板件的拱曲（延展部位)进行加热、收缩,使其恢复平整;铜质压平头可以用于压平较小的凸起点,也可以用于小范围延展拱曲的收缩,如图11-32所示。

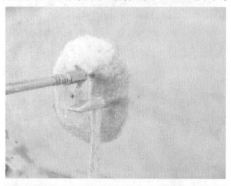

图11-29 用三角垫片作单点拉拔

图11-30 安装吸盘的轴拔器

图11-31 安装真空吸盘的轴拔器

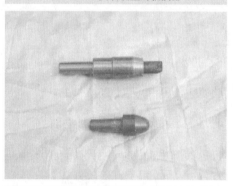

图11-32 碳棒与铜质压平头

3 其他必要设施

(1)电源:车身外形修复机外接电源一般有220V和380V两种,维修工位应根据设备需要匹配合适的电源插座,配电箱距维修工位不得超过10m。

(2)气源:修复过程中,打磨、清除打磨灰尘、金属收缩和使用真空吸盘都需要高压空气,维修工位应配备高压空气管路,并配备标准的快速连接头。维修车间正常气压为0.5～0.8MPa(兆帕)。有些气压表用bar(巴)作为压力单位进行标注,不同标注单位换应注意换算。(提示:1MPa=10bar)

(3)打磨材料:需配备盘式打磨机专用的60号、80号打磨片;带式打磨机专用打磨砂带。

(4)防腐材料及设备:镀锌仪组件及相关耗材,如图11-33所示;其他防腐涂料,如防锈底漆。

4 防护用具及维修手册

(1)防护用具:脚垫、转向盘套、座椅套、变速杆手柄套、驻车制动器操纵杆套。

(2)爱丽舍轿车车身维修手册。

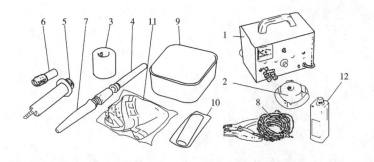

图 11-33 镀锌仪组件

1-镀锌仪(电源电流:220V;次级电流:12A);2-直径为φ100mm 的正极(用于处理大面积表面);3-直径为φ50mm 的正极(用于处理中等平面);4-直径为φ13mm 的正极(用于处理小面积表面以及难以触及的部位);5-用于直径为φ50mm 与φ100mm 正极的衬垫支座;6-用于直径为φ50mm 与φ100mm 正极的接头;7-用于φ13mm 阳电极的套轴;8-长约3m 的电线(红色为"＋"极,黑色"－"极);9-塑料容器(用于盛装镀锌溶液);10-用于φ13mm 阳电极的罩布;11-用于φ50mm 与φ100mm 阳电极的罩布;12-镀锌液

引导问题6 通过查询和查找(图11-34),认真填写以下信息。

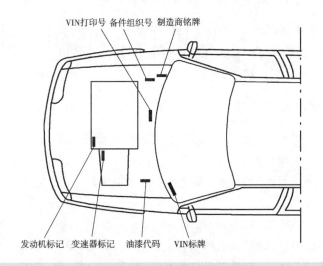

图 11-34 2010款爱丽舍轿车各标识位置

生产年份_____,车牌号码_____,行驶里程_____,发动机型号及排量_____,备件组织号_____,油漆代码_____,车辆识别代码(VIN)_____。

引导问题7 作业前的准备工作有哪些?

(1)车辆进入修理工位前,将工位清理干净,准备好相关的工具和材料(图1-14)。

图11-35　工作台上的工具摆放整齐

(2)将车辆停驻在修理工位上。

(3)将变速杆置于空挡或驻车挡(P挡);拉起驻车制动器操纵杆(图1-16、图1-17)。

(4)套上转向盘套、座椅套、变速杆手柄套、驻车制动器操纵杆套,铺设脚垫(图1-18~图1-22)。

(5)个人防护:操作前应做好个人防护工作(图1-30~图1-38)。

(6)工具设备准备:将维修需要的工具摆放到工作台上合适的位置,如图11-35所示;将设备移动到待修部位附近,以便于操作时能随时取用。

(7)车辆准备:将车辆妥善停入修复工位,断开车辆蓄电池负极连接电路,车身外形修复机在点焊介子时,较强的回路电流可能会损坏车辆电气元件。

引导问题8　基本锤打方法有哪几种?

1 单纯锤子敲打

单纯锤子敲打即无顶铁敲打,因锤击接触面较小,较大的敲击力容易使板面产生大量锤子击痕,通常用于清理(需更换的)损坏板件时的大力敲击,或用于消除应力阶段的小力度弹性敲击。

2 锤子配合顶铁敲打

锤子配合顶铁敲打适用于整个修复过程,通过改变顶铁与敲打的部位及力度,可实现不同的修复要求。

(1)敲实法:用锤子敲击顶铁垫托部位的板件。通常用于修复变形量较小的部位,或用于打薄板件使其延展。合适的敲击力会使凸起部位产生一定的压缩而恢复平整,如果加大敲击力,会使板件变薄(延展)拱曲,如图11-36所示。

(2)敲虚法:顶铁垫托凹陷部位背面,锤子敲击正面的凸起。适用于修复平板上较大面积的变形和板件的大致修复,也可用于凸起和凹陷同时存在的部位,如图11-37所示。凸起和凹陷程度可能会不一致,适当控制垫托与敲击力度可使凸起和凹陷同时趋于平整。狭窄部位可用撬棍代替顶铁进行垫托。

(3)锤子的使用:

①虚握锤柄中后部。

②锤面轮廓尽量与板面轮廓匹配。

③每次敲击让锤面与板面水平接触,如图11-38所示,用手腕的力度控制敲击,使锤面与板面接触时有滑动的趋势,产生搓着敲的效果,如图11-39所示。

④保持一定频率,轻快地敲击。

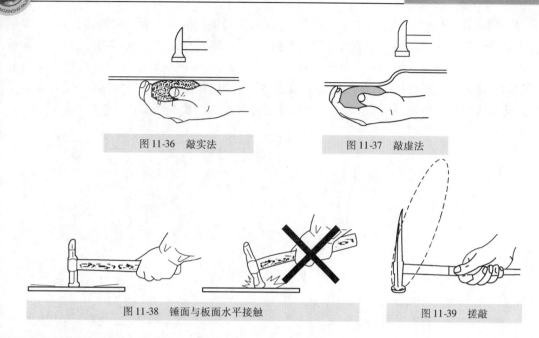

图 11-36 敲实法 图 11-37 敲虚法

图 11-38 锤面与板面水平接触 图 11-39 搓敲

引导问题9 规范的修复操作程序是怎样的?

1 拆卸影响修复操作的零部件

拆卸车门内饰板及相关组件(规范拆卸方法在前面章节已作详细描述,这里不再赘述);拆卸车门外部装饰条;如有需要,拆除车门把手。修复区背面如有减振隔声材料,应将其铲除,修复后需粘贴新的隔声材料。

2 检查变形部位,确定变形程度及影响范围

检查方法大致分为眼看、手摸和工具检查三种,不同方法可交替使用,互为补充。

(1)眼看:应在光线较好的方位进行。明显的变形,可能从任何方位、任何角度都容易观察,可以直接分辨出变形形式、范围和程度。站在较远处或从不同角度观察有利于确定范围较大且不太明显的变形。

(2)手摸:用手摸的方法检查板件变形时,应佩戴紧贴手形轮廓的棉线手套,这样能降低皮肤与板面之间的摩擦力,使手掌对变形的感受更准确。检查时手掌在板面上稍加压力,直线往复轻抚板面,运动轨迹呈米字形分布,如图11-40所示。

(3)工具检查:用钢直尺的侧边靠近板面检查板件的平面度。钢直尺长度应大于检查区域,将钢直尺的两端靠在板件未变形的区域,参照周边轮廓近似的部位进行检查,如图11-41所示。

3 按板件损伤修复原则制定修复程序

外力在板件上是不断传导的过程,也是在传导路径上不断被吸收的过程。在一般情况下,直接损伤受力最大,产生的变形量也是最大的,变形部位的硬化程度也最高,对周边较平缓的变形会产生较大影响。先将直接损伤大致修复平,可减少对周边间接损伤的影响,甚至使其产生一定的恢复变形。若先修复周边较小的变形,较小的变形量及少量的硬化仅需要较小的修复力度,修复过程对直接损伤部位不会产生影响,再修复直接损伤时,较大的修复力度使直接损伤产生恢复变形的同时,也会使已经修复的间接损伤部位再次产生变形。

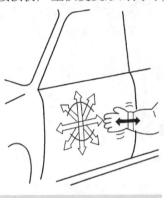

图 11-40 手摸检查

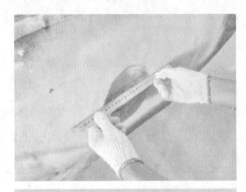

图 11-41 用钢直尺检查板面平面度

变形部位的原始形状和撞击方式的不同也会使板件受力后产生不同后果,有时变形区域较小,但有较深的折损痕迹,有时变形区域很大,但整个变形区基本都是较平滑的凹陷,外围的折损痕对凹陷较深的中部的影响可能更大。先修复凹陷最深的中部,会使较平滑的板件产生很多锤击痕和更多变形,同时使材料硬化并增加内应力,这样就增加了修复难度。

制定修复程序的关键是要根据变形部位、变形范围、变形量及变形程度等具体情况来判断,确定各部位相互影响的程度,首先消除对周边影响较大的变形,这样才能使变形板件得以快速、高质量地修复。图 11-42 所示为一块左前翼子板局部受外力产生凹陷变形,经检查发现在翼子板的弧形表面上,有一条较深的凹陷折痕从碰撞点向上下延伸,而凹陷折痕两端分别有两条凸起的折痕,与凹陷折痕呈箭头状分布,如图 11-43 所示。通常像这种发生在弧形表面上的变形,中部变形区域很大,凹陷程度看起来也很严重,但实际只有产生折损痕迹的部位才是塑性变形,而折痕之间是大范围的平滑凹陷区域,都是受其影响产生的弹性变形。维修时应先解决限制板件回弹的外围折痕,再修复变形区中部,才能又快又好地复原整个变形区域,如图 11-44 所示。

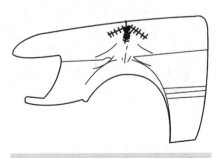

图 11-42 前翼子板表面局部凹陷损伤

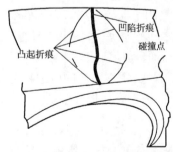

图 11-43 变形区分析

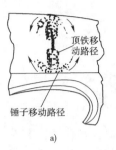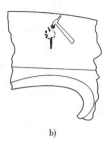

图11-44 修复过程

图11-44a)：从周边折痕开始,锤子沿箭头方向敲打凸起折痕,配合顶铁顶起凹陷折痕向变形区中心移动,消除凸起折痕,缩短凹陷折痕。

图11-44b)：修复碰撞点附近的残余变形。

图11-44c)：锤子配合顶铁将变形区整体敲平,作精确修复。

4 打磨漆面

磨除板面涂层是为了让板件导电,便于完成介子焊接及用碳棒收缩金属等操作,没有完全磨除漆面的部位在点焊时导电不良,可能会产生电弧击穿板件。镀锌板表面的镀锌层也会影响点焊效果,修复镀锌板件时最好将板面镀锌层磨除。局部漆层打磨后,面漆与打磨后的金属板面对光线的反射效果不同,会影响观察的准确性,如果修复碰撞时漆层损伤不严重、且变形量较小的部位,也可以视具体情况先采取敲打的方式将变形区大致整平,然后再磨除漆层,使用介子焊或碳棒继续修复。

(1)打磨面积应略大于变形范围,可根据变形区域实际轮廓向外围扩大80mm以上,用油性记号笔画出边缘平滑、连贯的标记线。该车门在中部模拟出纵向凹陷变形,沿凹陷痕迹周边约80mm画出打磨区标记线,如图11-45所示。

(2)采用60号砂纸磨除漆面,如图11-46所示。打磨时砂轮整个打磨面与板面呈10°~20°,用打磨面前端与板面接触,如图11-47所示。不要施加太大压力,避免过多打磨板件金属,降低板厚。

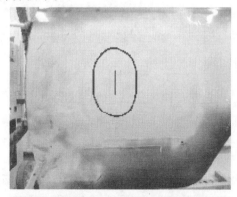 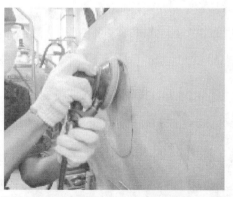

图11-45 标记打磨区　　　　图11-46 用盘式打磨机磨除板面涂层

（3）在不妨碍修复操作的部位，打磨出一块裸露金属便于连接搭铁线，如图 11-48 所示。

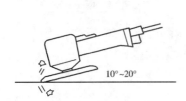

图 11-47　砂轮机打磨面与板面的角度

图 11-48　打磨搭铁区

（4）如有较深的凹陷折损，采用带式打磨机磨除盘式打磨机接触不到的狭窄部位，如图 11-49 所示。

（5）所有打磨程序结束后，用抹布和吹尘枪清理板面灰尘。板面灰尘会影响观察并引起导电不良，要求修复过程中每次打磨后立即清理表面灰尘，如图 11-50 所示。

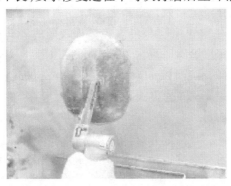

图 11-49　用带式打磨机打磨狭窄部位

图 11-50　清理板面灰尘

5 大致修复

大致修复是修理最严重、最明显、对变形区整体影响最大的损伤，减小整体变形程度，使变形区基本恢复原来的轮廓。因磨除面漆以后视觉效果不佳，不便于观察，大致修复可在打磨面漆之前完成。

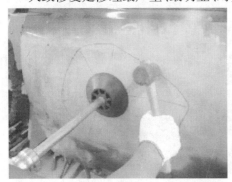

图 11-51　用真空吸盘配合锤子进行大致修复

（1）视损伤部位的形状、变形程度、变形范围等具体情况，用质量较大的冲击锤、木锤或橡胶锤敲击正面突起，同时用顶铁或撬棍垫住凹陷部位背面。对于大面积的平缓凹陷，用吸盘吸住凹陷区中部，用木锤或橡胶锤轻敲变形区周边凸起的折损，如图 11-51 所示。图中折损线以用记号笔作出标注。

（2）操作时应选用与板件轮廓相匹配的锤子与顶铁，否则也会产生不必要的变形，如图 11-52 所示。垫铁应与板件原始轮廓相匹配，否则不利于板件恢复成形，如图 11-53 所示。

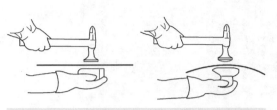

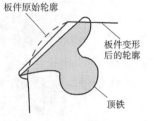

图 11-52　选用与板件轮廓相匹配的锤子与顶铁　　　图 11-53　垫铁与板件原始轮廓不匹配

（3）修复过程中产生的印痕越少越好，敲打时应控制好力度，以避免用力过度使板件产生不必要的变形。在橡胶锤或木锤不能整平折痕时，直接用匙形铁敲击折痕可扩大受力面，使板件分散受力，避免损伤加重，如图 11-54 所示。

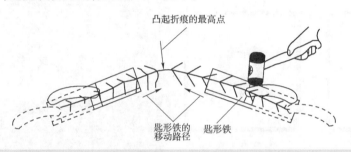

图 11-54　用匙形铁使板件分散受力

（4）背面不易接触的凹陷部位需要用介子修复机，根据变形特点选用不同的焊接介子焊接在需要拉拔的凹陷区进行拉拔。

①开启设备电源，如图 11-55 所示。

②操作设备控制面板上的选项按钮，如图 11-56 所示，选择对应的介子焊挡位（三角垫片或平垫圈），显示屏会有相应图标显示，如图 11-57 所示。

③设备在使用介子焊挡位时，自动转换为定时通电模式，根据板件厚度适当调节点焊持续时间和焊接电流，如图 11-58 所示。点

图 11-55　介子修复机机身

焊电流过大、点焊时间过长都会导致板件被击穿，为防止参数不合适造成点焊不牢固或击穿，应在实际使用前用一块相同规格的废板件进行试焊。

④妥善连接搭铁线，如图 11-59 所示。

⑤将介子焊片点焊在适当的部位，介子焊片应尽量与点焊部位的凹陷表面垂直。

⑥均匀点焊介子焊片，注意焊点间距，尽可能多点、多次修复每一处变形。任何一点被

过度拉拔都会使板件表面产生多余的突起,甚至拉破板面。

图11-56 控制面板

  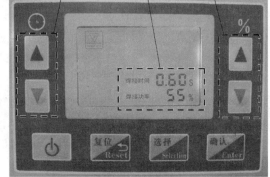

图11-57 功能选项图标　　　　　　图11-58 参数调节按钮及显示屏

小面积的凹陷折痕一般采用三角焊片,从折痕两端开始焊一点、拉一次逐步向变形区中心移动,同时用锤子敲打周边凸起部位,如图11-60所示。

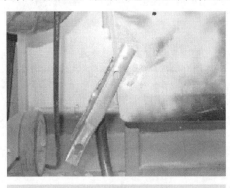 

图11-59 连接搭铁线　　　　　　图11-60 从两端向中心单点拉拔

大面积的平滑凹陷可同时焊接多个平垫圈,从周边凹陷较浅的部位开始,多点交替、反复拉拔,拉拔点逐渐向凹陷较深的中心部位移动,同时用锤子敲打周边凸起部位,如图11-61所示。

点焊参数调整恰当时,点焊在板面上的介子可经受反复多次拉拔,当点焊部位被拉拔至足够高度后,用钳子夹紧介子焊片,垂直于板面旋转可将介子焊片取下。

(5)如果变形区内包含筋线,通常应在大致修复阶段先将筋线恢复至原始轮廓,如图 11-62 和图 11-63 所示。

6 精确修复

精确修复是进一步消除板件变形,使板件上的凸起和凹陷恢复到允许范围。锤子敲打不可能使变形恢复到原始的平面度(即使能做到,从工作效率的角度来考虑也没有这个必要),修复到一定程度就可以了,剩余的不平可用钣金腻子填补。但钣

图 11-61　多点交替、反复拉拨

金腻子与金属板件毕竟不是同类材料,其膨胀系数也不一致,刮涂得太厚的部位在使用一段时间以后会产生开裂。因此,一般要求精确修复以后,钣金腻子的填补厚度不能大于 1mm,即修复区不能高出原始轮廓,也不能低于原始轮廓 1mm 以上。

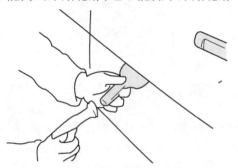

图 11-62　用克子修复筋线　　　　　图 11-63　用顶铁修复筋线

(1)操作时用质量较小的精修锤轻敲正面凸起,同时用顶铁或撬棍垫住凹陷部位背面。边敲边观察变形的恢复情况,适当改变敲击与顶铁位置,始终保证顶铁与敲击部位配合正确,逐渐加大敲力,直至力度合适,几次中等力度的敲击比一次大力度的敲击效果更好。

(2)随着变形的逐渐恢复,细微的变形越来越不易观察,此时应该在光线较好的地方以较小的角度观察,如图 11-64 所示,同时用手摸的方法交替检查,感受板面的起伏。磨平介质焊疤可提高检查精确度。

(3)对于后期极细微的变形,用钢直尺的侧边靠近板面检查修复后的平面度。钢直尺很薄,检查宽度范围有限,应采取多层次检查,如图 11-65 所示。也可使用车身锉打磨板面检查平面度,修复区内较高的部分打磨以后会留下痕迹,根据痕迹的分布情况继续修复,如图 11-66 所示。使用车身锉时将打磨面轻压在修复区呈 30°角斜推,用力不能太大,避免过多锉削板面金属。

(4)修复过程中应反复多次检查,几种方法可交替使用,提高修复精确度。板件在承受外力产生变形时可能会被拉伸变薄,敲打整形过程也会使板件进一步变薄延展,这些都会使板件表面积增大。先通过大致修复将板件较大的变形逐渐变小,再通过精确修复将轻微的凸起和凹陷尽量恢复平整,正确的敲打方法能使板件产生一定量的收缩,但不可能使受力延

展的所有变形都恢复,此时,整个变形区(延展区域)呈较平滑的凸起,如图 11-67 所示。

图 11-64　小角度观察

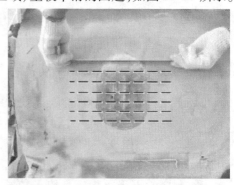

图 11-65　多层次检查

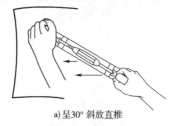

a) 呈30°斜放直推

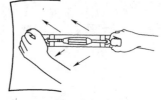

b) 呈30°直放斜推

图 11-66　车身锉使用方法

(5)在板件修复以后金属变薄延展具体表现为修复区高于板件原始轮廓,利用介子修复机配置的碳棒可对金属板件的延展部位进行加热,如图 11-68 所示,再用压缩空气或湿抹布快速冷却收缩,使其恢复平整,这一操作又称收火。被加热的金属会向外围膨胀,但受到周边常温金属的限制,这样就会使被加热的金属变厚,快速冷却后,板件表面积就会减小。

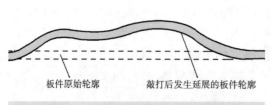

图 11-67　修复后,整个变形区呈平滑凸起

图 11-68　用碳棒加热板件延展部位

①安装碳棒,如图 11-69 所示。

②选择对应的碳棒加热挡位,如图 11-70 所示。

③根据板件厚度适当调节电流。电流过大会导致温度过高,高温会改变板件的原子排列结构,降低材料强度,也可能将板件烧穿。对高强度钢板加热应严格控制温度,一般要求控制在 200℃ 以下,至少在用肉眼观察时,钢板表面不能明显变红,可在实际使用前用一块相同材质的废板件进行加热试验。

④始终加热板面上拱起最高的部位,如图 11-71 所示。使用时按住控制开关,将碳棒轻压在板面匀速移动,由外向内形成一个较规范的圆形加热点,视变形程度及范围控制加热点

的面积。

图 11-69 安装碳棒

图 11-70 碳棒加热图标

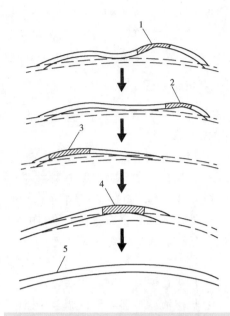

图 11-71 始终加热板面上拱起最高的部位
1~4-加热顺序与加热部位;5-板件原始轮廓

⑤每次加热完毕立即用气吹枪充分冷却加热点,如图 11-72 所示,凸起的部分受到热胀冷缩的影响,会慢慢变厚并逐渐恢复平整。

⑥收火与敲打整平应反复交替进行,直至板面平面度符合修复要求。

⑦用指头轻压修复区,如图 11-73 所示,如果按压时板面塌陷,放松时板面弹起,说明修复区有过多残余应力,用碳棒在修复区由外向内大范围画圈,加热后待其自然冷却,一般 2~3 次操作以后可消除板件应力。

图 11-72 用气吹枪充分冷却加热点

图 11-73 按压板面检查残余应力

7 打磨处理

金属板面在修复过程中会因为点焊介子和碳棒加热而产生氧化皮,如果直接涂刮钣金腻子将会影响腻子的附着力,也会影响对板面进行再次镀锌。

(1)用带式打磨机磨除介子焊片的残留金属。

(2)用盘式打磨机配合60号砂纸磨除板面剩余的氧化皮。

(3)用盘式打磨机配合80号砂纸进行抛光打磨。打磨后,打磨区轮廓应平滑、连贯,如漆层较厚,打磨区边缘应磨出羽状边,每道漆层之间有10mm以上的层次间距。

8 防腐处理

东风雪铁龙车身维修工艺要求:维修过程中被破坏的板面镀锌层,在板件维修完毕以后必须重新镀锌。

(1)将镀锌仪电源线连接至220V电源插座。

(2)将黑色导线(搭铁线)连接在零件与镀锌仪的负极端子(黑色)之间;将红色导线连接在衬垫支座与镀锌仪的正极端子(红色)之间。

(3)按需要选择合适直径的刷镀电极,把所选电极罩布安装到正极②、③或④上,用水润湿罩布,有利于罩布浸渍镀锌溶液。

(4)将正极拧到衬垫支座上,然后安装罩布。

(5)将少量镀锌液倒入塑料容器中,然后将带有罩布的正极放在其中。

(6)将电流调节器电位计置至6挡位置。

(7)将浸透镀锌液的电极头轻压在板面上反复移动,在镀锌过程中,电流表指示20A,该挡位可确保均匀镀锌。扫镀期间不得停顿,板面变色即为锌镀成功。镀锌层厚度必须达到$10\mu m$,为了使沉淀物达到$10\mu m$厚,必须对面积为1dm的表面扫镀2min。

(8)用水冲洗残余镀锌液,用1000号或1200号砂纸抛光,擦净,干燥。

抛光处理以后如果不立即进行表面涂装作业,镀锌层表面会很快氧化,在涂装作业前必须重新抛光。对于不便于操作的部位,可用其他防腐材料进行喷涂或刷涂。

图11-74 清洁工位

9 场地清理(5S)

(1)工作过程中要用到很多工具、设备,工作前将所有需要的东西摆放到合适的位置;有些工具和设备需交替、反复使用,每次使用过的物品应归还原处,随手放置会使工位杂乱不堪,不便于再次取用;更不能随手放在地上,这样做很容易造成操作人员踩踏滑倒,甚至造成更严重的事故。

(2)工作结束以后,将所有工具、设备擦拭干净并归还原处,避免每次工作都从寻找工具开始。

(3)清扫地面,保持工作场地干燥、整洁,为下一次工作作准备,如图11-74所示。

小提示

良好的工作环境能使人们感到愉悦,也有利于安全操作和提高工作效率。

三、评价与反馈

1. 对本学习任务进行评价,见表11-1。

评 分 表 表11-1

考核项目	评分标准	分数	学生自评	小组评价	教师评价	小 计
团队合作	是否和谐	5				
活动参与	是否积极主动	5				
任务方案	是否正确、合理	15				
安全生产	有无安全隐患	10				
操作过程	(1)是否做了作业前的准备工作; (2)板件修复工艺流程是否正确; (3)板件修复过程是否规范; (4)是否做了板件防腐处理	30				
任务完成情况	是否圆满完成	5				
工具使用情况	是否规范标准	10				
劳动纪律	是否能严格遵守	5				
现场5S管理	是否做到	10				
工单填写	是否完整、规范	5				
总　　分		100				
教师签名:			年　月　日		得分:	

2. 能否向车主解释板件变形损坏评估及维修方案制定的过程?如不能,分析原因并提出改进措施。

四、学习拓展

1. 查阅资料,了解东风雪铁龙爱丽舍轿车外顶凹陷的修复工艺及注意事项。

2. 查阅资料,了解东风雪铁龙世嘉车型外覆盖件材料的属性及修复方法。

学习任务十二

承载式车身结构件的更换

学习目标

完成本学习任务后,你应当能:
1. 熟悉车身结构件修复的基本工艺过程;
2. 了解车身结构的基本类型与特点;
3. 正确制定承载式车身结构修复程序;
4. 掌握车身结构修复的基本原则;
5. 掌握车身板件基本维修工具、设备的使用方法。

 建议完成本学习任务的时间为 **48** 课时。

 学习任务描述

一辆爱丽舍轿车在行驶过程中车身前部发生碰撞,造成车身前部变形。检查后发现,该车两个前纵梁均有变形,其中左侧纵梁变形量较大,弯曲部位有明显褶皱,需要你对该车前部进行修复。

 学习内容

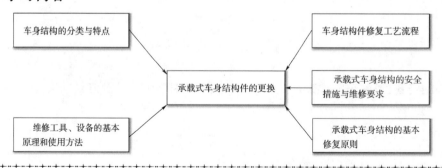

一、资 料 收 集

引导问题 1 车身结构件更换的基本工艺流程是怎样的?

前纵梁在承载式车身上属于结构性部件,和修复车身板件变形类似,车身结构件变形以后,也要根据变形部位、变形程度及影响范围来确定如何进行维修。除此之外,由于结构件需要承担更多的承载作用,所以还需要充分考虑其材料特性。

车身结构件的维修重点包括恢复车身尺寸及状态,较小的变形通常采用矫正的方法来维修,如果变形程度比较严重,甚至是特殊材料制造的板件,只允许采取更换的方法进行维修。图 12-1 所示为车身结构件变形损伤的修复工艺流程。

引导问题 2 轿车车身结构有哪些基本类型?各种类型的车身结构有什么特点?

车身的作用是提供安全、舒适的驾乘空间,在汽车不断发展的过程中,车身结构也发生了很大变化。车身结构设计不但要追求外形美观、乘坐舒适等基本要求,还要不断追求安全、环保,向紧凑、轻量化的方向发展。

1 非承载式车身

最早出现的是非承载式车身,如图 12-2 所示。非承载式车身有一个独立的底盘大梁架,车身通过弹性元件安装在底盘大梁架上,所以也被称为有梁式车身。

车架作为非承载式车身的基础安装平台,包括车身在内,几乎所有零部件都安装在车架上,并且是悬架系统的定位基础。车架除了要承受自身载荷,还要承受汽车行驶时产生的其他载荷,而车身不承受或仅承受少量载荷,因此车架必须要有足够的强度和刚度,以保证汽车在正常使用时承受各种载荷而不会破坏和变形。其特点是:

(1)非承载式车身有刚性车架,碰撞产生的变形主要集中在车架上,对碰撞力起缓冲作用,能有效地将破坏限制在局部范围。

(2)制造工艺相对简单,容易车轮定位的设定和调整。

(3)车架可作为"推挤"支承点,车身修复以"推挤"为主,相对容易。

(4)车身笨重,不利于节约能源。

(5)乘坐的舒适性好。

由于车架纵贯全车,影响整车布置和空间利用率,大梁的截面高度使车身离地距离加大,乘客上下车不方便,另外笨重的车架降低了整车经济性,这些对于小客车和轿车是缺点,但对于越野车就是优点,越野车要求有很强的通过性,行驶崎岖路面时要有一定的离地间隙,而非常颠簸的道路会令车体大幅扭动,只有带刚性车架的非承载式车架结构才能抵御这种冲击力,因此非承载式车身通常用于越野车。

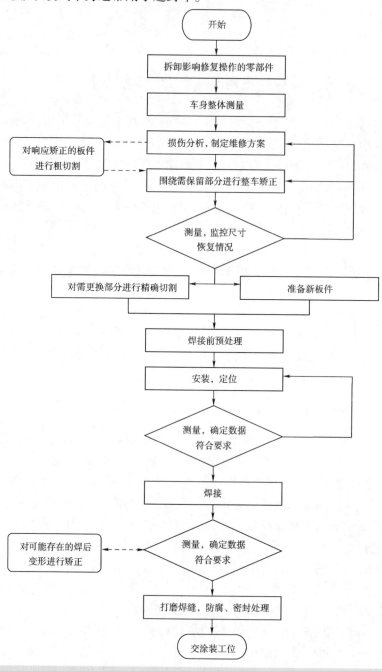

图 12-1　车身结构件变形损伤的修复工艺流程

2 承载式车身

承载式车身又称整体式车身,如图 12-3 所示,车身由很多不同形状、不同厚度的钢板冲压件构成,各板件以点焊方式连接成为紧密的整体。车身是汽车所有部件的安装平台,也是定位基础,其中包括与汽车行驶稳定性、安全性密切相关的悬架和转向系统,承载式车身结构没有坚固的车架,通常采用较厚的高强度钢板来制造车身结构,以增强车身的承载能力,在任何部位受到的外力作用时,车身都以稳固的整体结构来"抵御",碰撞以后会产生更复杂的变形。其特点是:

(1) 没有笨重的车架,大幅降低了整备质量,利于节能降耗及减少废气排放。
(2) 车身是其他零部件的安装基础,尺寸精度要求高。
(3) 碰撞产生的变形更复杂,影响范围大,修复难度更高。
(4) 行驶系统直接与车身连接,容易引起车身板件共振而产生噪声,乘坐舒适性较差。

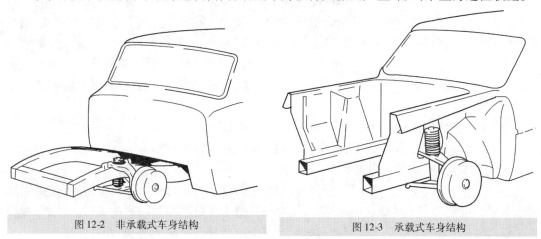

图 12-2　非承载式车身结构　　　　图 12-3　承载式车身结构

石油属于不可再生资源,汽车在使用过程中排放的废气对大气造成严重污染,所以降低汽车的油耗及减少废气排放永远是汽车设计、制造者的追求目标,承载式车身也因此逐渐成为当代轿车所采用的主流结构。随着各种高强度钢的运用,车身整备质量进一步降低,但对于车身维修的各方面要求也更高了。

引导问题3　车身结构有哪些安全措施?

一次碰撞:发生交通事故时,汽车与其他物体之间的碰撞。
二次碰撞:由于一次碰撞而引发的车内乘员与车内部件的碰撞。

二次碰撞是造成车内乘员身体受到伤害的直接原因,但其严重程度取决于一次碰撞的剧烈程度。在碰撞无法避免的时候,如果车身整体被设计得过于坚固,巨大的惯性力会造成车内乘员发生严重的二次碰撞。据统计数据显示,汽车在行驶中发生碰撞可能性最高的部位是车身前部和后部。因此,将车身设计成中部坚固而周边相对薄弱的结构,在汽车发生碰撞的时候,让先受力的部分以变形和破坏的形式吸收更多的外力,以降低二次碰撞造成的伤害。

车身周边被人为设计的薄弱部分称为吸能区,又称缓冲区。吸能区在不同车身结构上有不同的体现方式。

(1)非承载式车身结构中,车架承受大部分碰撞力,将坚固的车架前后两部分设计成弯曲的形状,这种设计被称为上弯结构,弯曲部位又称为上弯区,是整个车架最薄弱的部分。在发生碰撞的时候,上弯区首先开始变形,能吸收大量碰撞能量。

(2)承载式车身的前后纵梁也被设计成上弯结构,除此以外,还采用开孔、改变截面形状等具体方式使车身结构局部弱化。

引导问题4 承载式车身结构对维修有什么基本要求?如何判断承载式车身结构件是否需要更换?

承载式车身作为其他所有零部件的安装基础,各安装点之间的尺寸精度都有严格要求,尺寸误差过大会造成相关零部件配合不良,如果涉及关键零部件安装失准,还会直接影响车辆行驶的稳定性和安全性;除车门、翼子板、发动机罩等可拆卸零部件以外,其他板件都以电阻点焊的形式紧密连接,形成一个整体的刚性结构,车身任何一块板件都是承力结构的组成部分;为降低车辆整备质量,并改善车身的安全性能,大量采用高强度钢板。因此,承载式车身修复后应满足下列要求:

(1)车身各部位都应恢复原始尺寸,误差必须≤±3mm。
(2)结构性板件必须恢复其原始状态,以抵御可能发生的再次撞击。
(3)不能改变吸能区的强度。

实际工作中,车身尺寸是容易进行测量和对比的,而钢板的强度在维修后是否达到强度要求却无法得知。对于承载式车身来说,发生在类似于车身缓冲吸能区的变形,如果钢板产生了较严重的折痕,一般要求根据变形的影响范围进行局部或整体更换,并且严格按照工艺要求进行维修操作,这样才能获得好的维修结果。

引导问题5 如何进行车身尺寸测量?

承载式车身的修复通常以拉拨技术为主。在修复过程中,由于未能及时测量或测量不准确,可能导致板件被过度拉拨,被过度拉拨的板件必须更换,想通过推压使被拉长的金属板件缩短是不可能的;而过多的反复拉拨会造成车身钢板的疲劳,降低钢板的强度。因此,修复时必须不断地对车身进行测量,监控尺寸的恢复情况,避免发生不可逆转的损坏。

1 常用测量工具、设备

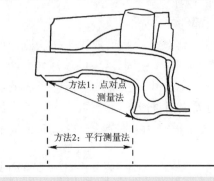

图12-4 不同测量方法

车身尺寸以零部件的安装孔中心、工艺定位中心和板件的轮廓边缘作为测量基准,用于测量的点称为测量基准点。为适应不同的需要,车身尺寸数据通常以两种方法进行标注:一种是两点之间的直线距离,又称点对点测量法,如图12-4中方法1所示;另一种是两点相对于某一平面的投影距离,又称平行测量法,如图12-4中方法2所示。测量时需根据具体标注方法选择合适的测量工具,并以对应的方法进行测量。维修作业中常用的测量工具和设备有卷尺、轨道式量规、机械式通用测量系统(米桥测量系统)。

(1)卷尺:通常用于测量两点之间的直线距离。当两测量孔的直径相等时,两孔边缘的距离(L_1)就是两孔中心间距(L),使用卷尺可以方便地测量出两孔边缘的距离,如图12-5所示;当两测量孔的直径不相等时,用肉眼读出孔中心的刻度可能有较大的误差,可分别测出两孔内侧边缘距离(L_1)和外侧边缘距离(L_2),再通过简单计算可得出两孔中心间距(L),计算方法为:$L = (L_1 + L_2)/2$,如图12-6所示。

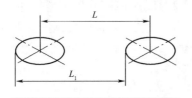

图12-5　孔径相同时的测量方法
$L = L_1$

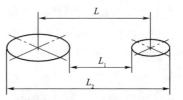

图12-6　孔径不同时的测量方法
$L = (L_1 + L_2)/2$

(2)轨道式量规:有一根轨道和两根带锥形测量头的测量指针,指针由滑座垂直安装在轨道上,滑座上的紧固螺钉可将滑座固定在轨道上的任何位置,指针在滑座上也可调整伸出长度,如图12-7和图12-8所示,通常用于测量两点相对于某一平面的投影距离。由于车身尺寸的测量和标注方法不同,有些尺寸不能用卷尺进行点对点直线测量,否则测量获得的数据不能与标准数据有效对比。

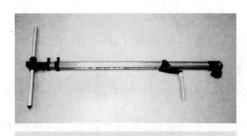

图12-7　轨道式量规

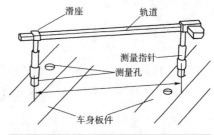

图12-8　轨道式量规测量两孔中心距

(3)机械式通用测量系统:图12-9所示为安装在矫正平台上的测量系统,由导轨尺、横尺、车身上部测量立尺、标尺筒和各种测量头组成。使用时导轨尺沿车身长度方向安装在车身下;横尺通过滑座安装在导轨尺上,两者在水平面上相互垂直,横尺可在导轨尺上前后水平移动调整长度位置;标尺筒通过固定器安装在横尺上,如图12-10所示,两者在铅垂面上相互垂直,固定器可在横尺上左右水平移动调整宽度位置;标尺可在标尺筒内自由伸缩调整高度位置。当测量头与基

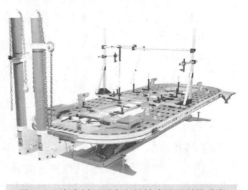

图12-9　车身矫正平台和机械式通用测量系统

准点正确接触时,可在导轨尺、横尺和标尺上分别读取到该基准点的长度、宽度、高度数据。

2 车身测量原理

车身是立体结构,各测量点在空间中并不处于同一平面,以三维(长、宽、高)尺寸才能更准确地表达各点之间的位置关系。车身原始尺寸是在车身与测量基准面平行、且车身中心面与测量系统中心线对齐的情况下进行测量的,一般设定两对点作为车身测量时的定位基准,并以此基准来标注其他各点的空间位置,如图12-11所示。测量设备生产厂家根据设备特征对完好的车身进行测量,再将各测量点的基本特征、所使用的量头型号、搭配方式和三维数据等信息制成图纸,表示车身在正常状态下各点的空间位置。数据图主要对车身底盘的关键点进行数据标注,因为只有当这些尺寸被修复到位以后,车身才能满足稳定行驶这一最基本的要求。

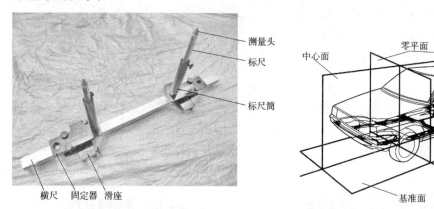

图12-10 标尺筒的安装　　　　图12-11 测量基准

（1）高度:基准面是一个与车身底板平行并与其有固定距离的假想面,是对所有车身基准点进行高度尺寸测量的参照面。基准点的高度尺寸实际是该点与基准面之间的垂线距离。

（2）宽度:中心面是将车身分为左右对称两个部分的假想面,是对所有车身基准点进行宽度尺寸测量的参照面。基准点的宽度尺寸实际是该点与中心面之间的垂线距离。

（3）长度:零平面是垂直于基准面和中心面的两个假想平面,将车身分为前、中、后三个部分(即前、后吸能区和乘员区),是对所有车身基准点进行长度尺寸测量的参照面。基准点的长度尺寸实际是该点与零平面之间的垂线距离,在车身尺寸图中也被称为零点。

3 测量方法

任何一款车型,测量设备生产厂家都提供了必要的车身尺寸数据,在进行碰撞评估及车身修复时,必须要找到该车型的车身尺寸数据,以此作为恢复车身尺寸的依据。图12-12所示为爱丽舍车身数据图,图中所示4为高度数据和测量该点所使用的测量头型号,虽然车身垂直方向的尺寸数据已给定,在车身校正过程中,完全可以根据实际情况来自己确定基准面的特定位置,但特定基准面必须与生产厂家所规定的基准面平行,然后要根据特定基准面的位置与生产厂家规定基准面位置的高度差距,来计算出特定基准面上的实际车身尺寸数据。图 12-12 中所示 5 为宽度数据,该车型数据图所选基准点的宽度尺寸都是左右对称的,但并不是所有车型都是这样,有些车型左右两点的宽度数据是不一样的,使用时应核对清楚。图 12-12 中所示 6 为长度数据,该车型数据图采用两个零点,并以前零点作为后部尺寸长度基准,后零点作为前部尺寸长度基准,每个长度数据表示零点到该点的投影距离,而不是相邻两点之间的投影距离。

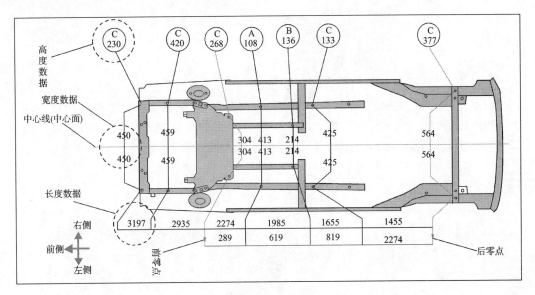

图 12-12 爱丽舍车身数据图

(1) 车身定位调整。测量前,必须调整车身与测量系统的基准面平行和中心面对齐。对照图纸在车身上找到两对零点,装上正确的测量杆和测量头,根据实测数据对照标注数据对车身定位基准进行调整。

① 高度:依据图纸上两对零点高度数据的相互关系,旋转平台主夹具上的螺母来调整车身高度,直至自定基准面与标注基准面平行。记录车身自定高度与图纸标注高度的差值,作为比对实测数据与标注数据的计算依据。

② 宽度:调整测量系统导轨的位置,使车身与测量系统中心线对齐。

(2) 分别找到其他测量点的位置,按照图纸提示选用对应的测量附件正确安装。测量并记录每一个测量点的实测数据。

(3) 将经过计算以后的数据与标注数据对比,确定各基准点的变形量与变形方向。

不同测量系统生产厂家可能采用不同的设计形式,以至于车身数据图的标注方式、尺寸数据也会不同,所以不同厂家的测量系统和数据图不能混用。

二、实 施 作 业

引导问题6 作业需要哪些工具、设备和材料？

（1）工具：常规敲打整形工具、气动点焊钻、气动切割锯、气动铲、气动开孔器、打磨工具、大力钳。

①常规敲打整型工具与前一章节基本类似。

②气动点焊钻：用于分割电阻点焊焊点的钻孔工具，带有弓形夹紧装置，如图12-13所示，配合专用点焊铣刀使用，点焊钻在安装弓形夹的时候，只能钻除板件边缘的焊点，若焊点离板件边缘较远，将弓形夹拆卸后也能钻除焊点，但钻孔定位准确性稍差，比较容易钻偏，如图12-14所示。点焊钻的加工间隙应根据钢板厚度来调整，可去除板件上层焊点而不破坏下层板件，如图12-15所示。图12-15中 a 为点焊钻加工间隙，t 为钢板厚度。

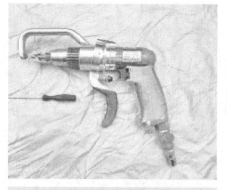

图 12-13 安装弓形夹的点焊钻

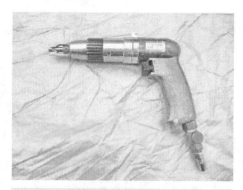

图 12-14 拆除弓形夹的点焊钻

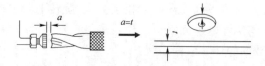

图 12-15 根据钢板厚度调整点焊钻加工间隙

③气动切割锯：可对薄板进行精确切割，如图13-16所示。通常有粗齿和细齿两种规格的锯条可供选择，使用时应根据材料的硬度与板件厚度选择合适的锯条，材料硬度较高或板件较薄时使用细齿锯条，而材料较软或板件较厚时使用粗齿锯条。

④气动铲：可对薄板进行粗略切割，如图12-17所示。

⑤气动开孔器：用于薄板边缘处开孔，常用于结构件与覆盖件更换时加工塞焊孔，如图12-18所示。车身维修工艺对塞焊点孔径的要求：结构件为8mm；装饰件为5mm。图12-19所示为5mm孔径手动开孔器。

⑥气动角向打磨机:此操作应使用硬质打磨材料,用于打磨焊缝与焊点,如图 12-20 所示。

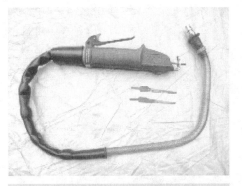

图 12-16　气动切割锯

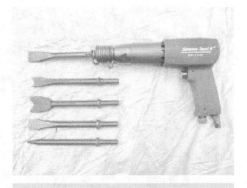

图 12-17　气动铲

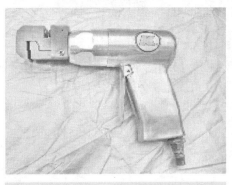

图 12-18　气动开孔器

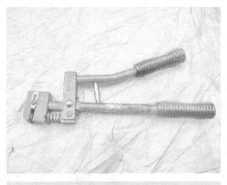

图 12-19　手动开孔器

⑦大力钳:能方便地夹紧和松开钳口,并且能调整夹持厚度,有多种形状和尺寸可供选择,用于将新板件临时固定在车身结构上,便于测量和调整新板件的装配位置,如图 12-21 所示。

图 12-20　气动角向打磨机

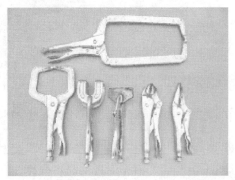

图 12-21　不同类型的大力钳

(2)设备:车身测量系统、车身矫正设备、等离子切割设备、CO_2 气体保护焊机、电阻点焊机。用于车身测量和校正的设备有很多种类型,其中米桥式车身测量系统和平台式车身校正设备使用最广泛。

①米桥式车身测量系统：用于测量车身三维尺寸，可与多种校正设备配合使用，如图12-22所示。

图12-22　米桥式车身测量系统与平台式车身矫正设备配合使用

②平台式车身校正设备：为测量系统提供安装平台；用四个夹具固定车身，为待修车身提供刚性定位；配备两个拉塔柱和各种夹具，拉塔柱可固定在平台周边任何位置，采用手动、气动或电动液压方式提供全方位的拉伸，如图12-23所示。

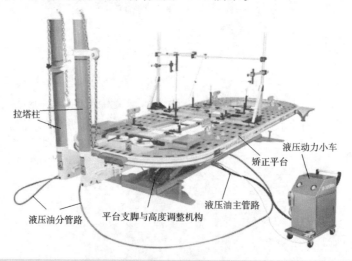

图12-23　平台式车身矫正设备

③等离子切割设备：其特点是弧柱温度高、热影响范围小，适合切割薄板，在切割高强度钢板时，不会改变切割缝附近的材料强度，正常使用气压为0.3~0.5MPa（兆帕），如图12-24所示。

④CO_2气体保护焊机：采用细焊丝、小电流，焊接热量较小，适合薄板焊接，如图12-25所示。

⑤电阻点焊机：采用低电压、高电流焊接，焊接时间短，焊接热影响范围极小，特别适合

焊接高强度板和超高强度板,如图12-26所示。

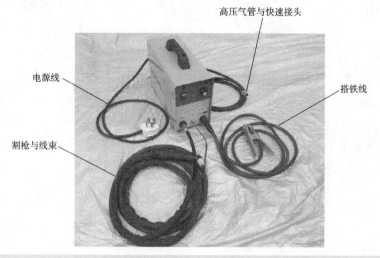

图12-24 等离子切割设备

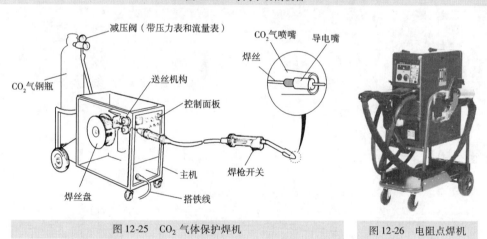

图12-25 CO_2气体保护焊机　　图12-26 电阻点焊机

(3)其他必要设施。

①电源:配电箱距维修工位不得超过10m,需配备220V和380V两种,维修工位应根据设备需要匹配合适的电源插座,其中电阻点焊机电源需达到30~40A(安培)。

②气源:修复过程中,各种气动工具及设备都需要高压空气,维修工位应配备高压空气管路,并配备标准的快速连接头。维修车间正常气压为0.5~0.8MPa(兆帕)。有些气压表用bar(巴)作为压力单位进行标注,不同标注单位换应注意换算,1MPa=10bar。

③打磨材料:除常规去除面漆的打磨材料以外,还需配备硬质打磨片和去除防石击涂层的钢丝刷轮,如图12-27所示。

④防腐材料及设备:用于焊前防腐的导焊锌喷剂,如图12-28所示;钣金密封胶及挤胶枪,如图12-29所示;防石击涂料及专用喷枪,如图12-30所示。

(4)防护用具:脚垫、转向盘套、座椅套、变速杆手柄套、驻车制动器操纵杆套。

(5)爱丽舍轿车车身维修手册。

学习任务十二　承载式车身结构件的更换

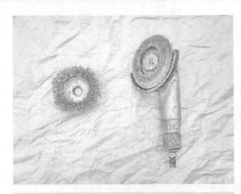

图 12-27　可替换的钢丝刷轮

图 12-28　导焊锌喷剂

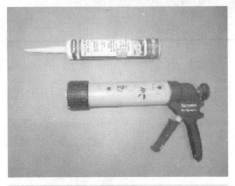

图 12-29　钣金密封胶及挤胶枪

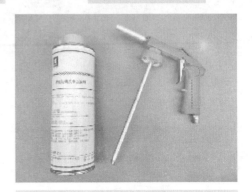

图 12-30　防石击涂料与专用喷枪

引导问题 7　通过查询和查找(图 12-31)，认真填写以下信息。

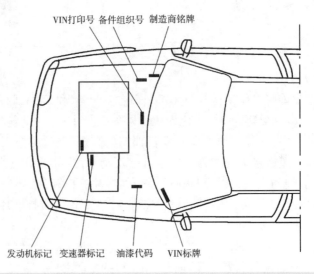

图 12-31　2010 款爱丽舍轿车各标识位置

生产年份＿＿＿＿＿＿，车牌号码＿＿＿＿＿＿，行驶里程＿＿＿＿＿＿，发动机型号及排量＿＿＿＿＿＿，备件组织号＿＿＿＿＿＿，油漆代码＿＿＿＿＿＿，车辆识别代码（VIN）＿＿＿＿＿＿。

引导问题8 作业前的准备工作有哪些？

（1）车辆进入修理工位前，将工位清理干净，准备好相关的工具和材料（图1-14）。

（2）将车辆停驻在修理工位上。

（3）将变速杆置于空挡或驻车挡（P挡）；拉起驻车制动器操纵杆（图1-16、图1-17）。

（4）套上转向盘套、座椅套、变速杆手柄套、驻车制动器操纵杆套，铺设脚垫（图1-18～图1-22）。

（5）个人防护：操作前应做好个人防护工作（图1-30～图1-38）。

（6）工具设备准备：将维修需要的工具摆放到工作台上合适的位置；将设备移动到待修部位附近，以便于操作时能随时取用。

（7）大致评估损伤范围：围绕车身进行整体观察，如图12-32所示，检查覆盖件之间的配合间隙，从碰撞点开始，逐一记录变形部位。

（8）车辆准备：拆卸车身前部保险杠、翼子板、发动机罩等影响操作的零部件，发动机、变速器、悬架系统、电气设备及相关线束交机电维修组拆卸。将车身安装到校正平台的中心位置，顶起车身，用四个主夹具夹紧车身中部裙边，如图12-33和图12-34所示。安装以后，使车身与平台大致平行。

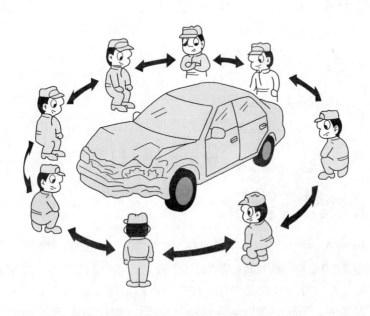

图12-32 围绕车身进行整体观察

学习任务十二　承载式车身结构件的更换

图12-33　夹持车底裙边

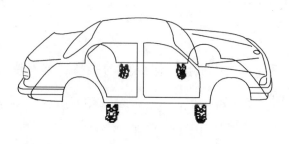

图12-34　四点固定

引导问题9　规范的修复操作程序是怎样的？

1　车身测量

（1）将导轨尺放入车身底部，观察导轨尺与车身的相对位置，调整两者中心线大致对齐，如图12-35所示。

（2）对照车身数据图在车身上寻找前后零点作为定位基准点（也可选择两对没有变形的基准点作为定位基准），将两根横尺安装到导轨尺上，分别移动至基准点下方。

（3）目测基准点与横尺间的垂线距离，选择合适的标尺筒，如图12-36所示，安装到四个固定器上；按照车身数据图提示选择对应的测量头，如图12-37所示，安装于标尺顶端。调整横尺和固定器的位置，使标尺升高以后与基准点充分接触，如图12-38所示。

图12-35　调整导轨尺与车身中心线大致对齐

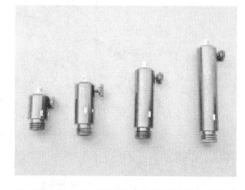

图12-36　标尺筒

（4）在标尺上读取前后零点的高度数据，按照前后零点原始数据的高度差将车身调整至合适高度，使车身基准面与测量系统平行。数据图中前后零点原始高度数据分别为268mm和377mm，两者差值为377mm－268mm＝109mm，即后零点比前零点高109mm时车身基准面处于水平位置。工作中可将车身平行调整（升高或降低）至便于操作的高度，如将车身整体升高100mm，后续任何基准点的实测高度数据都应减去100mm再与原始高度数据比较。

(5) 在横尺上读取前后零点的宽度数据,将导轨尺向读数大的一侧移动,直至两对零点左右两侧的宽度读数分别一致,此时,车身与测量系统中心面对齐。

(6) 对照车身数据图测量其他基准点的三维数据,期间不得移动车身和导轨尺,否则需按照上述步骤重新调整。

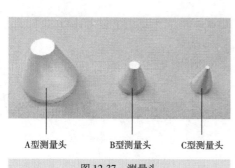

图 12-37　测量头

图 12-38　升高标尺与基准点充分接触

经观察与测量,该车身除前部受损以外,车身中后部均无明显变形,各覆盖件配合间隙良好,功能正常。右前纵梁变形量较小,吸能区无明显褶皱可修复;左前纵梁、前翼子板内板及其加强板吸能区有明显褶皱需整体更换;散热器框架损坏严重需更换。

2 损伤分析,制定维修方案

由于承载式车身是刚性的整体结构,碰撞后也会产生更复杂的变形,较薄的钢板也不能承受反复变形,修复工作最好一次到位。因此,按照材料、车身结构及变形特征制定合理的维修方案是修复承载式车身的重要环节。即使是在相同条件下,碰撞产生的变形也可能会有很大差异,具体修复程序也不会完全一样,但制定维修方案的基本原则是相同的。

❶ 反向拉拔

由较小的碰撞力造成的轻微车身变形,按照反向拉拔原则进行维修,将会产生良好的修复效果。如果车身受到的撞击力较大,车身有较大变形时,由于承载式车身由许多大小、形状、厚薄各异的成形板件彼此连接构成,碰撞力能够按照设计路线传递,拉拔力也会对相互连接的板件产生不同影响,设定拉拔方向时,应以反向拉拔原则为主,按实际情况对拉拔方向稍作调整,在相关板件都产生恢复性变形的同时避免产生新的变形。

❷ 先进后出

修复过程中,拉拔力不仅仅对拉拔点产生影响,而是对整个碰撞力的传递路线产生影响。直接碰撞点变形量越大,硬化程度也越高,如果先修复直接碰撞点,就需要较大的拉拔力,必然会影响到碰撞力传递路线上其他的变形部位,甚至会使得其他部位被拉拔过度或被撕裂。所以先修复后产生的变形,后修复先产生的变形。对于车身整体结构来说,修复程序应由下至上、由内至外,并按照长度、宽度、高度的顺序来校正每一处变形。

3 拉拔校正

（1）用气动点焊钻去除焊点将散热器框架从纵梁上拆卸下来，如图 12-39 所示。两个前纵梁都发生了变形，分开校正两个前纵梁之间的刚性连接更便于校正操作，如图 12-40 所示。

图 12-39　点焊钻分离散热器框架

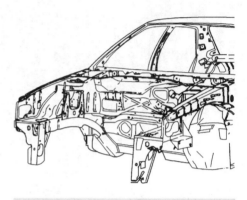

图 12-40　拆下散热器框架后的车身

图 12-41　拧紧螺杆，固定拉塔柱

（2）对照车身数据图对右前纵梁进行测量、拉拔校正。

①将拉塔柱移动至合适的位置，确保拉拔方向基本正确，妥善固定拉塔柱，如图 12-41 所示。

②选择合适的夹具对纵梁前端进行夹持。必要时对相关部位进行多点夹持，多点同时拉拔时，板件可承受更大的拉拔力，分散受力还能避免板件被撕裂。图 12-42 所示为前纵梁与减振器座同时拉拔，图 12-43 所示为对前纵梁进行多点同时拉拔。

图 12-42　前纵梁与减振器座同时拉拔

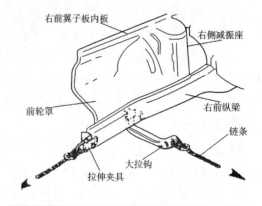

图 12-43　多点拉拔前纵梁

图 12-43 中箭头所指为纵梁弯曲内侧的轻微褶皱,由于承载式车身纵梁是中空的箱型梁,应将前方夹具夹在有褶皱的一侧进行拉伸,这样有利于褶皱恢复平直。

③将链条连接到夹具上,用保险绳连接车身、夹具和链条,防止拉拔时板件断裂造成链条和夹具甩出伤人,如图 12-44 所示。钩挂链条前应将链条理顺,链条受力时每一节链环都不应扭转,如图 12-45 所示。

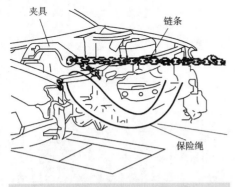

图 12-44　安装保险绳

图 12-45　链条受力时不允许扭转

④调整导向环高度,使链条的拉拔方向符合板件恢复方向的要求,如图 12-46 所示;拧紧导向环手轮,如图 12-47 所示;检查导向环夹齿与链条正确啮合,如图 12-48 所示。

图 12-46　调整导向环高度

图 12-47　顺时针旋转,拧紧导向环手轮

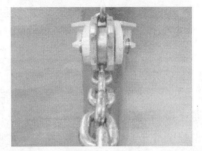

图 12-48　导向环夹齿与链条正确啮合

⑤操作塔柱液压控制装置进行拉拔,常用的液压泵有电动、脚踏气动和手动三种,如图 12-49 ~ 图 12-51 所示。边拉拔边观察板件的恢复情况,必要时应调整拉拔方向。拉拔时塔柱背面严禁站人,一旦板件被撕裂,可能会向后甩出伤人。

图 12-49　电动液压动力系统

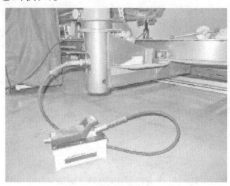

图 12-50　脚踏式气动液压泵

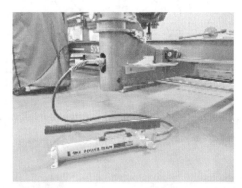

图 12-51　手动液压泵

⑥当链条开始受力时需松开导向环手轮,如图 12-52 所示,当板件受力过大撕裂时,导向环的自重可将松动的链条向下压,也可减小链条甩出伤人的可能性。

修复过程应按照拉伸→保持拉力(消除应力)→卸力、测量→再拉伸的方式进行多次拉拔,修复过程中还需不断进行测量,控制修复尺寸。拉拔力在足以克服材料的弹性极限时,才能使其产生变形,解除拉拔力以后,板件还会产生一定量的回弹,为了抵消金属的弹性作用,拉拔时应有少许的过量,但绝对要避免过度拉拔。残余应力会造成板件持续、缓慢变形甚至开裂,板件受力的同时对应力变形区进行小力度的弹性敲击,有利于消除内应力,使板件恢复状态。尽量修复看得见的每一处微小变形,因为每一处变形都是整体结构中的应力集中区,会直接影响结构的整体强度。

(3) 更换左前纵梁、前翼子板内板及其加强板。

①利用需更换部位作为拉拔夹持点,采取相同方法修复与左前纵梁相关的部分,使需保留部位恢复原始尺寸,这样做有利于相关板件整体复原。为便于夹持和拉拔,可先在需更换区域进行初略切割,将影响操作的部分拆卸下来,如图 12-53 所示。

图12-52 逆时针旋转,松开导向环手轮

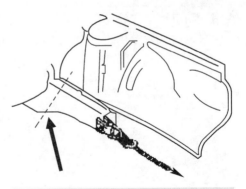

图12-53 粗略切割后拉伸

小 提 示

图12-53中箭头所指为前纵梁更换时的最终切割缝,粗略切割后保留一部分作为拉伸时的夹持点,待需保留部分完全修复以后,再在最终切割线上进行精确切割。

②用气动点焊钻去除焊点将翼子板内板拆卸下来,如图12-54所示。有些焊点被防石击涂料遮盖,可用气动砂轮配合钢丝刷轮清除,如图12-55所示。若焊点轮廓不清晰,可用小锤将錾子轻轻敲入板件夹层,当板件被撑开一定缝隙以后,焊点轮廓就能够显现出来,如图12-56所示。

③用气动点焊钻去除焊点将翼子板内板加强板拆卸下来,如图12-57所示。

a)侧面焊点　　　b)上部焊点

图12-54 翼子板内板焊点位置

图12-55 用钢丝刷轮去除防石击涂层

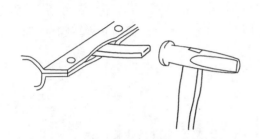

图12-56 用錾子确定焊点位置

图12-57 翼子板内板加强板焊点位置

④用气动点焊钻去除左前纵梁焊点,如图12-58所示。

⑤用东风雪铁龙专用工具9506-T(爱丽舍前纵梁划线模板)在车身前纵梁根部划线,如图12-59所示,用气动锯切割。图中显示20mm为切割时保留的加工余量,如图12-60所示。

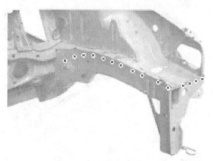

图12-58　左前纵梁焊点位置

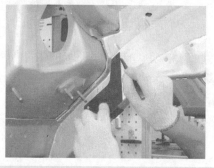

图12-59　用纵梁划线模板9506-T在纵梁上划线

⑥用东风雪铁龙专用工具9506-T在新备件上划线,用气动锯切割,如图12-61所示。

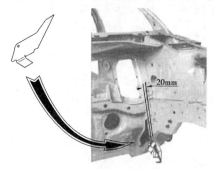

图12-60　保留20mm加工余量

图12-61　用纵梁划线模板9506-T在新备件上划线

⑦将新板件安装到车身上,用大力钳简要固定后进行三维测量,调整新件直至各基准点符合原始尺寸。必要时重新打磨接口,使新旧件接口缝隙达到2~3倍板厚度。

⑧制作新旧板件接缝内部衬板,如图12-62所示。焊接衬板长度需达到40mm,使用时插入新旧纵梁内部各一半并与其贴合紧密。

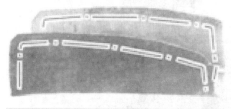

图12-62　接缝内部衬板

⑨拆下新板件,处理板件贴合边:清除接口毛刺;清除焊缝和贴合处漆面;根据焊接要求标记焊点位置,用气动开孔器加工塞焊孔;在焊缝和贴合边内层喷涂导焊锌喷剂,如图12-63和图12-64所示。

⑩将纵梁接缝衬板安装到车身上,焊接各塞焊点。

4　车身安装

(1)重新安装新纵梁,并进行测量、定位,按照工艺要求进行焊接。

(2)按照上述程序安装翼子板加强板及翼子板内板新件,用大力钳简要固定后安装翼子板和发动机罩,检查、调整各覆盖件之间的装配间隙,如图12-65和图12-66所示。待所有相关覆盖件间隙都符合要求以后,按照工艺要求进行焊接。

图12-63 接缝内部衬板焊前防腐

图12-64 板件贴合边焊前防腐

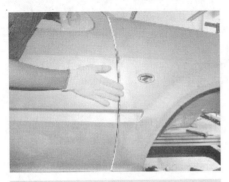
图12-65 检查前门与前翼子板缝隙

图12-66 检查前翼子板与发动机罩缝隙

(3)按照上述程序安装散热器支架,按照工艺要求进行焊接。
(4)对车身进行整体测量,获得修复后的车身数据,处理因焊接热量可能会造成的变形。

5 防腐、密封处理

(1)打磨焊缝,进行必要的防腐处理。
(2)在板件之间的搭接缝上涂刮钣金密封胶,如图12-67所示。
(3)在规定区域喷涂防石击涂料,如图12-68所示。

图12-67 涂装钣金密封胶

图12-68 喷涂防石击涂料

(4)清理工具,清洁工位,如图12-69所示。

图12-69 清洁工位

 小 提 示

良好的工作环境能使人们感到愉悦,也有利于安全操作和提高工作效率。

三、评价与反馈

1. 对本学习任务进行评价,见表12-1。

评 分 表 表12-1

考核项目	评分标准	分 数	学生自评	小组评价	教师评价	小 计
团队合作	是否和谐	5				
活动参与	是否积极主动	5				
任务方案	是否正确、合理	15				
安全生产	有无安全隐患	10				
操作过程	(1)是否做了作业前的准备工作; (2)举升机的使用是否正确; (3)车身测量是否正确; (4)评估是否正确、维修计划的制定是否合理; (5)维修过程是否规范; (6)防腐处理是否得当	30				
任务完成情况	是否圆满完成	5				
工具使用情况	是否规范标准	10				
劳动纪律	是否能严格遵守	5				
现场5S管理	是否做到	10				
工单填写	是否完整、规范	5				
总 分		100				
教师签名:			年 月 日		得分:	

2. 能否向车主解释此次事故的评估及维修计划制定的过程？如不能，分析原因并提出改进措施。

四、学习拓展

1. 查阅资料，了解东风雪铁龙爱丽舍轿车后底板的基本构造及更换方法。

2. 查阅资料，了解东风雪铁龙 C5 车型前纵梁的材料属性及更换方法。

参 考 文 献

[1] 黄平.汽车车身修复技术[M].北京:人民交通出版社,2006.
[2] 刘建华,江帆.轿车车身构造与维修[M].北京:机械工业出版社,2009.
[3] 顾平林.汽车碰撞钣金修复技巧与实例[M].北京:机械工业出版社,2010.
[4] James E. Duffy Robert Schaff(美).汽车车身维修技术[M].吴友生译.北京:高等教育出版社,2006.
[5] 乐玉汉.轿车车身设计[M].北京:高等教育出版社,2000.